桥梁的故事

唐寰澄　著

唐寰澄·桥梁三部曲

北京出版集团
北京出版社

目 录

引　言

人类社会发展的历史是悠久的。在各个历史阶段中由于生存和生活的需要，发展了各种各样的生产和生活资料，桥梁是其中之一。桥梁的出现和发展，不能脱离各个历史阶段社会、政治、经济等各方面的条件，但亦有其本身的特殊规律。

桥梁不过是为了克服自然障碍，越过河流、峡谷等通济利涉的工具，在国民经济中算不上尖端的科学，然而亦是极重要的一环。社会的分工，使桥梁事业发展成为一个较为重要的专业。桥梁，其含义已经远远超过它本身狭窄的一面,成为广泛应用的词语了。

今天我们看到的是横渡海峡、跨越长江大河雄伟壮丽的大桥，车辆风驰电掣般地往来，规模宏大，使人胸襟开阔；或则是杨柳堤岸，池沼园林，柳锁虹桥，花萦凤舸，使我们心旷神怡。这都是几千年来劳动人民血汗和智慧的结晶。郭沫若同志咏钱塘江大桥的诗说：“……如果只是江山的一片静美，不会深刻地鼓动我的心扉。是劳动改造了自然和社会，使江山焕发出生命的光辉。”

然则这些桥梁是怎样演化而来的？将向什么方向发展？要解决这些问题，桥梁工作者首先要对桥梁的历史有所了解并给予极大的注意。但是搜集桥梁历史资料不过是工作的起点，一切既有的事实和数据仅是一堆原始的感性材料。所以想做一个进步的工作者，不能满足于在本行业中搜集大量的既有成果，而是要通过理性的编排，将研究工作提高到理论上来理解其内在的关系，推导出发展的趋势。这样，资料才能真正成为知识，被我们所利用。

桥梁既是建筑（广义的）的一个领域，也就产生了桥梁建筑艺术的问题。一座城市中，桥头往往是游览的地方。人们欣赏着城市和自然的风景，更欣赏着人类力量的创造物——桥。即使在偏僻的农村和峡谷之中，美丽的桥梁也替自然增添了丰富的情调。古往今来，有许多诗篇歌颂过桥梁。和房屋建筑一样，关于桥梁建筑也存在着不同的艺术观点。不同的艺术观点形成不同的风格，是百花齐放、百家争鸣的方针政策所提倡的，这样可以使祖国的桥梁建筑丰富多彩。

虽然桥梁建筑艺术的好坏不至于影响桥梁本身的使用，但却影响着人们的精神生活。桥梁建筑艺术表现出一个民族的艺术素养。一个桥梁设计者应当在使用要求的条件下，以客观条件为出发点，在通过力学计算确定方案的同时，从艺术的角度渐渐成熟地生发出美学上较完整的建筑想象。

为了工作上的需要而探索这些问题，我写出了下面各个章节粗浅的见解，以期起到抛砖引玉的作用。

什么是桥梁

桥梁的起源是怎样的呢？当原始人类尚不能用手造桥的时候，往往利用天然倒下来的树木（图1），自然地壳变化侵蚀而形成的石梁或石拱（图2、图3），溪涧冲流下来的石块，或森林里攀缠的藤萝（图4），以越过水道和峡谷。或更如有人推测的那样，灵长类动物用自己的身体搭成桥（图5），至今在深密的森林里有时仍能看到猴子互相牵攀悬吊到溪边取水的现象。

等到人类已经能够聚族而居的时候，桥梁势必也有了发展。如陕西西安半坡村新石器时代遗址，离现在已有6000多年，经过发掘，发现在居住区的周围有深、宽5~6米的大围沟。这样宽大的围沟，推想其作用可能是为了防止野兽或异族的侵袭。由于当时居民们已能用木柱、木檩、草泥盖造成圆形的房屋，则出入跨越这一围沟时不能没有搭架的桥梁，甚至也许是可撤式的木桥（图6）。

对于史前的桥梁没有可能也没有必要在这里做详细的推敲，因为这是考古学家的事。但是我们知道，桥梁具有不同的形式：梁桥、拱桥和吊桥。直到今天，桥梁仍脱离不了这三大形式或其组合，不过是内容更丰富、形式更多样、材料更坚固、技术更进步而已。

1 树桥

2 天然石梁桥

3 天然石拱桥

4 藤萝吊桥

5 猿桥

6 半坡村木桥假想
新石器时代

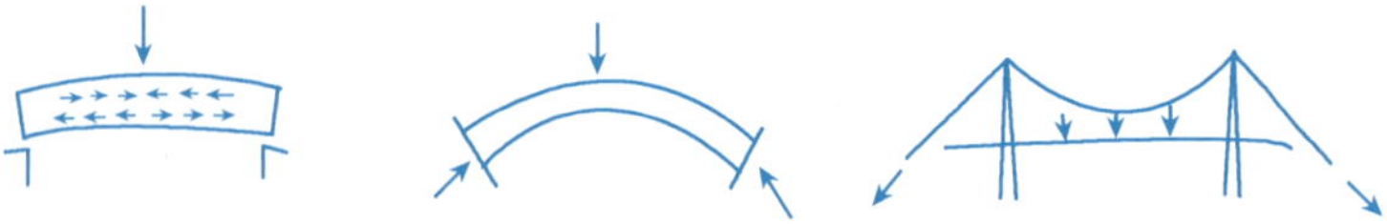

7 梁桥、拱桥、吊桥

在地心引力作用下，物体基本上受到 3 种静力：拉力、压力和弯曲。吊桥受拉，拱桥受压，梁桥受弯曲（图 7）。当然，现代的桥梁往往是几种形式的组合，受力系统更为复杂。

什么材料能建造什么形式的桥是由它本身的特性所决定的。利用什么材料，或制造什么材料，如何去建成所需要的桥，即功能上合理的桥，这便是技术。所以首先需要理解桥梁所抵御自然和人工施加的力量，认识材料的性质，摸清材料本身的规律，材料使用在桥梁建筑中和其他事物相互联系的规律，这样才能应用这些规律为人类服务。应用这些规律的方法和能力愈高，技术也就愈高。我们将逐一综览历史记载和现存的主要桥梁。

石桥

I

人类起初能掌握的建桥材料是石与木这些天然的材料，它们是取之不尽、用之不竭的，可以大量用来造桥。桥梁的发展首先是木桥还是石桥很难说清，根据逻辑推理，似乎应该是木桥在先，因为人们在能创造强有力的工具来加工石料前，已经可以凭借体力或简单的工具攀折或砍伐树木。由于木料易朽腐的缺点，古代木桥实物遗留较少，因此几千年来保留较多的桥梁是石桥。可以先看一看石桥发展的有趣经历。

也许石桥是从有墩无梁的石步磴开始。这样的踏步桥，散见在浅涧小溪之上，或点缀在园林之中，如杭州的黄龙洞泉口上的踏步桥（*图 8*）。当桥跨较大时，在石墩上搁置石梁。梁桥是桥的名称的起始，《说文解字》中写道：“桥，水梁也。”创作于春秋时代的《诗经》里也说到了“维鹈在梁，不濡其翼”的梁桥。*图 9* 是英国达德摩地方现存的石梁桥。据说有的石桥已有 2000 多年的历史，粗糙地堆叠着石块，显示出原始的造桥技术。至今，我国南方水网地区仍存在着大量数百年前建造的石梁石柱桥（*图 10*），它们用料经济，构造简单，便利交通。

世界上现在尚存的最长的石梁桥是我国福建泉

8 杭州黄龙洞踏步桥

9 英国达德摩石梁桥

10 石梁石柱桥

11 福建泉州万安桥旧影

州的万安桥（图 11），因为桥位于惠安、晋江两县交界的洛阳江的入海口，所以又称“洛阳桥”。该桥建于我国北宋皇祐五年（1053 年），完成于北宋嘉祐四年（1059 年）。桥址处原先是个渡口，由于海潮汹涌，每年要淹死不少人，郡人倡议修桥，郡守蔡襄督促完成。桥共有 47 孔石梁，每孔间隔约 20 米，总长达 1100 米左右。把海生动物牡蛎养殖在筏形的条石桥墩基础上以胶固桥基，这也是世界上绝无仅有的造桥方法。

横搁石梁受材料强度的限制，跨度不能太大，一般只及 10 余米。为了加大桥的孔径，于是采用了几种方法，最简单的办法建筑上称之为“叠涩”，即将石梁从桥墩上一层层地挑出叠置，然后在缩短了的桥孔上搁石梁。有人认为叠涩是拱的起源，事实上它是近代伸臂梁的鼻祖。叠涩不是拱，因为我们对拱的定义是在垂直力的作用下会产生水平推力，

12 叠涩出梁

13 五边形石桥

14 假拱

且拱石本身都承受压力，而叠涩出梁（图 12）依然是梁的作用。有用石梁架成五边形的石桥（图 13），这样的石桥我国浙江省乡间仍有不少实物存在。五边形石桥可以说是介于梁和拱之间的桥式。如按结构细节和受力情况来看，这种桥只有在两端自重很重、载重较轻、两侧桥台能承受水平推力的条件下才能维持稳定，极有可能由之而发展成为拱桥。

虽然有天然存在的石拱（图 3），但从天然整体的石拱发展到用离散的块体砌筑石拱存在着很长一个过程。当不知道应用拱架的时候，免不了要砌成图 14 的假拱。真拱的出现已是人类文化进步到比较高的阶段的事。

前 384—前 322 年的古希腊哲学家亚里士多德曾经提到过，拱顶石支持结构是由于“抵抗各方面来的力量”。有人认为最早的拱是意大利中部古城的穹隆形下水道，约出现在前 600 年。可见，拱至今有近 3000 年的历史。

各个具有古老文化历史的国家，都保存着千百年以前留下来的石拱桥。欧洲石拱桥艺术最盛于古罗马时代。古罗马时代的石拱桥大半是半圆形拱，跨度一般都小于 25 米；桥墩特别厚，约为孔宽的 1/3，以承受拱的推力，因此每一孔都能独立存在，这和我国古代北方的石拱桥十分相似。图 15 为前 20 年所建的古罗马时代列米尼桥的桥孔。

古罗马时代遗留下一些引水建筑物——水道桥，很多是高大美丽的石拱桥。最有名的一座水道桥是现法国境内的加尔德水道桥（图 16）。桥建造于前 167—前 158 年，它引犹莱山的水进城。桥分为 3 层:

15 古罗马时代列米尼桥桥孔

16 古罗马时代加尔德水道桥
前 167—前 158 年

最下一层是 16 ~ 24 米孔径的石拱七孔，中间一层十孔，最上层有 35 个小环洞。

古罗马时代的石拱桥一般不用灰浆砌筑，而是将石料按规格仔细削琢，然后在拱架上很小心地安砌起来，加尔德水道桥也是如此，只有水道部分是用小块石料以灰浆砌筑，水槽里也涂了灰浆以防渗水。之所以不用灰浆，原因可能是这样：砌完一层之后无须等待若干天使灰浆凝固再拆脚手架，可以即时在上面砌筑第二层；同时又可使拆去脚手架时拱券变形较小（一般用灰浆砌的石拱在拱顶处拆拱架后下沉可达好几厘米）；再则可以使拱券在使用过程中避免灰浆收缩的影响；此外灰浆本身强度较拱石为弱，将形成拱的薄弱环节。

我国的经验不同。我国古代砌拱，用石灰、牛血、糯米汁做成灰浆，使拱石之间黏结十分牢靠。有些拱石缝中还嵌有铁或铜钱，因铁或铜生锈之后变为氧化铁或氧化铜，体积膨胀，黏着于相邻的拱石上，可使拱券更为坚实，并避免了过于细致的石工工作。

加尔德水道桥造成后400年，侵略者包围了该城，破坏桥的两端断绝供水，此后即从未修复。17 世纪末，该桥下层拱的上游部分被利用作为驿道。重载使桥受了振动，拱石偏离拱轴线，这是由并列砌拱的方法和不用灰浆造成的。该桥 1670 年重修，1747 年于下层拱墩的下游加宽拱券作为公路桥。加尔德水道桥不但结构雄伟，而且在建筑艺术上，它的比例均匀、调

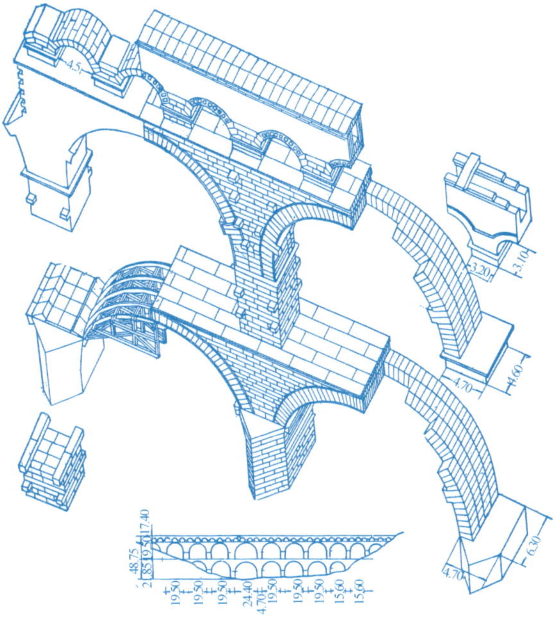

17 加尔德水道桥剖析

18 西班牙恶魔之桥

19 古罗马时代法勃利克桥
约前 62 年

和，色泽鲜明（用黄色石料砌成）（图 17），和青山绿水蓝天构成色彩美丽的图画。

古罗马时代水道桥保存得最多最好的要数西班牙，同时石料也特别坚固。图 18 为西班牙塞哥维亚地方的水道桥，桥高达 30 米，双层拱券。每块石料都很大，计为 60 厘米 ×60 厘米 ×120 厘米。石料四周约有 4 厘米的光边，其他部分都是粗凿石面，亦不用灰浆砌筑。因为它大胆粗犷，当地人叹为鬼斧神工，称之为恶魔之桥。

早期的拱都是半圆形的，修建跨度比较大一些的石拱桥，拱顶就高出路面很多，成为驼峰式的拱桥，上下桥都比较费力。是不是可以建造割圆拱（就是不到半个圆的圆弧拱）呢？从半圆拱到割圆拱是技术上一大进步。割圆拱可使桥的跨度更大，拱的推力也较半圆拱为大，对基础施工技术的要求较高。

意大利古罗马时代的法勃利克桥（图 19）建成于约前 62 年，是世界上较早的割圆拱桥。桥跨径为二孔 24.4 米，同时在两个大拱之间的桥墩上插入一个小拱。

18 世纪意大利建筑师皮拉内西（Piranesi）替桥画了一张想象的结构图（图 20），不知道有什么根据，他在河床下面画有倒拱把桥拱连成环形。当时人们受古罗马时代半圆拱的影响，对于割圆拱抱有成见，总觉得存在着问题似的。

世界上最著名的割圆拱和大拱上叠小拱桥，首推

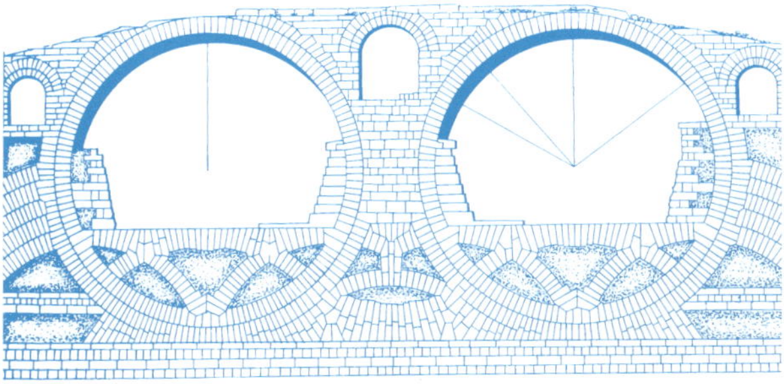

20 皮拉内西绘制的法勃利克桥结构图

我国河北省赵县赵州桥，又称安济桥（图 21、图 22）。

赵州桥是 1300 多年前隋代石匠李春建造的。割圆拱跨径 37.20 米，在大拱之上叠了 4 个小拱。这和法勃利克桥在桥墩上加小拱不一样，大拱上的小拱可以减轻拱的重量，相应地减轻了拱对基础的推力，同时也能在洪水期间减少挡水的面积。唐朝中书令张嘉贞的《石桥铭》中就说这桥是“制造奇特，人不知其所以为”。外国桥梁和建筑方面的专家们也都认为赵州桥的构造使古罗马时代石拱桥看起来十分臃肿。

石桥到这时候走上新的阶段。当时习惯上认为拱一定需要半圆的，赵州桥当时也被人认为河下还有半个倒拱（事实上并不存在），正和意大利人对法勃利克桥的推测一样，因为新事物的产生总是超出一般人常识。充分地发挥材料的性能和以结构的合理为基础，是能做到十分坚固和美观的，这样的情况在桥梁发展过程中经常可以遇到，也是不时引起争论的一个

21 河北赵县赵州桥（安济桥）

摄影_赵县文物局李晋栓

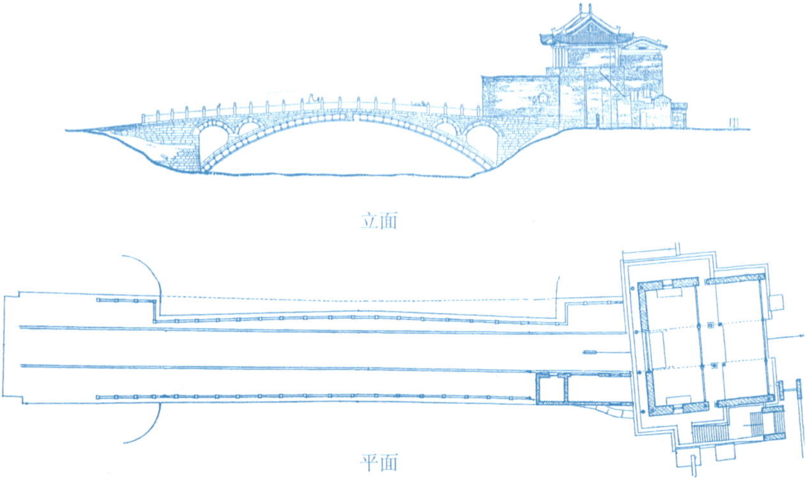

22 赵州桥实测图

方面。

至于赵州桥的雕刻艺术，更是人类的宝贵财富。桥上的栏杆雕刻着“若飞若动”的龙。赵州桥原隋代的栏板、望柱等曾不知去向，清代后期到新中国成立之后所见到者都是明代的栏板。1955 年修复时在河床中挖掘出倒在河里的隋代实物，令人叹为观止，使当年的艺术重放光彩。

赵州桥的缺点是它的拱券是并列砌筑的，正和图 16 的加尔德水道桥一样。因此，其西面的外侧券和东面外侧券的一部分在明末清初倒入洨河，连同隋代的栏板一起埋在河底。1956 年文化部对赵州桥予以彻底重修，补足了雕刻的栏板，并将其列为全国重点文物保护单位。

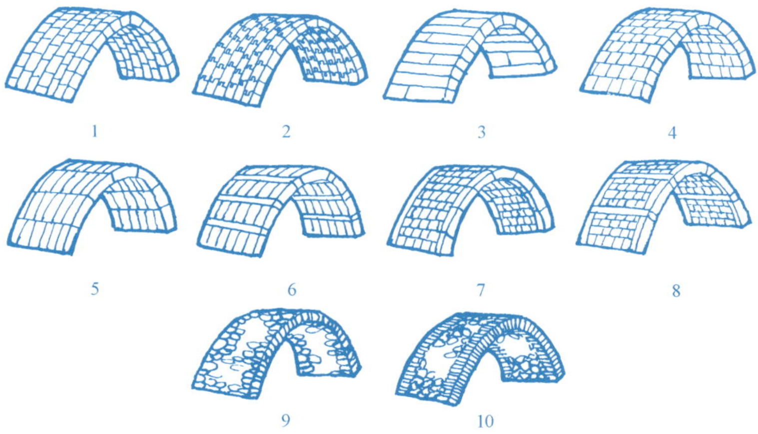

23 中国石拱桥拱的砌筑方法

我国仿赵州桥割圆拱和大拱之上叠小拱的石拱桥甚多，如河北赵县永通桥、济美桥，山西晋城景德桥，等等，而国外一直不敢把小拱放到大拱上去，直待 19 世纪才出现类似的桥梁。

几个世纪来，石拱桥在拱的砌筑和拱的形状上起了些变化。拱的砌筑，按石块的排列方法基本上形成了图 23 的诸式。

拱的形状，除了习惯应用半圆拱和割圆拱（图 24）外，也建造过尖拱，如图 25 的法国埃斯帕利翁桥。尖拱在我国称为锅底券。最美丽和富于曲线变化的尖拱石拱桥，当首推我国北京颐和园的玉带桥（图 26）。玉带桥全部用白石琢成，栏杆雕刻精致，造型极美。1914—1916 年美国修建纽约岳门桥的钢拱桥时，设计者承认

24 英国苏格兰斯特灵老桥

25 法国埃斯帕利翁桥

26 北京颐和园玉带桥
摄影 _ 吴礼冠

是受了颐和园玉带桥的启发。

尖拱发源于东方，12 世纪十字军东征传入欧洲，中世纪盛行于教堂建筑和若干桥梁建筑。到 17 世纪 20 年代，欧洲首先使用椭圆拱。最早的椭圆拱桥是法国图卢兹地方跨加龙河的比利桥（图 27）。桥为七孔不等跨的椭圆拱，最大跨径约 32 米。这座桥从 1542 年开工，到 1632 年完工共计修造了近百年的时间，是建桥史上特殊的例子。

比利桥的另一特点是拱肋用石砌而拱墙用砖砌，两道宽的边拱及五道窄的拱肋用石砌，边拱及拱肋之间

27 法国比利桥
1542—1632 年

是砖砌拱，色彩上形成鲜明的对比；墩有分水尖，墩上有环洞，环洞砌筑成张开口的狮头形。椭圆拱在法国盛行过一段时间，并且影响到后来的钢筋混凝土桥。

石拱的施工多在木制的拱架上砌筑。木拱架有的直接支承在桥孔下河床中所打的木桩基上，有的插入桥墩侧面预留的孔洞内，或支承在预留的几块凸出的石块上。这些施工过程中的结构形式有时留下建筑艺术上可喜的装饰。有些石拱桥为了更节约拱架（图 28），下半个拱的拱石和墩身同时砌筑，压在墩身上向拱中心挑出，使只有中部拱券需要一段拱架。因此，即使是石拱桥，也未尝不点点滴滴处心积虑地求得经济的效果。然而在 18 世纪科技尚不发

28 节约拱架

29 江西万年桥
摄影 _ 饶登宇

达以前，所有桥梁工程只是凭借经验，石桥的形式和尺寸都是从实际施工中得来的知识，失败了再改进。一直到有了理论之后，才知道受压的拱桥用抛物线券或悬链线拱券是比较合理的形式。

在桥墩施工方面进步得更为缓慢，能够在水深 4～5 米的桥址施工已经是十分了不起的事，关键是没有得力的施工机械。例如，我国明、清时修建江西万年桥（图 29），用竹笼装石作为外层围堰以隔断流水，内层再用木板桩夹层填泥作为内围堰以防水；用农村里提水的水车把水排干，再打木桩，桩上铺木板后砌石墩，然后用拱架砌筑拱肋。

前述法国加龙河比利桥桥墩基础就是用两层木板桩中间压实土壤作为防水围堰，开挖基础到石层。可是大部分桥梁是难得遇到石层的。

因为基础难修，国外一些桥梁，往往是根据施工时临时观察认为哪里合适，再修桥墩。或已修好一墩，竟被水冲垮，移动一些位置再造，因此某些桥跨度大小不一。淤泥比较深的河床，便用碎石填压进去，在石堆上再修建整齐石块的桥墩。桥基好像一道石堤，压缩着河床使桥下水流加速。桥跨小，河床又被铺砌压缩，水流加速，所以桥墩前部多半做成分水尖，或称为筏形基础，模仿船形以破水，可是仍不免基础被掏空、下沉，以致坍陷。

那时还没有专业的工程技术人员，担任造桥工作的，有石工、木工、牧羊人、牧师等不同出身的人，虽然没有科学的武装，却有实践经验。有些场合，无可奈何或意识不到地在浪费着工和料；有些地方却是精心地想办法节约，例如桥墩有时看来是庞然大物，可是外面是石砌，里面用捣固的土。分水尖凸出在桥边，过于费料。图 30 所示法国巴黎于 1578—1607 年修建的涅妇桥把分水尖和桥拱有机地结合起来。所以，经济节约是古今不易的一条基本原理。

国外自 18 世纪起，科学发展较快。基础方面，1720 年左右瑞士工程师查尔斯·拉贝尔（Charles Labelye）在修建英国威斯敏斯特桥时采用了合乎近代标准的沉井，而在石桥建设方面开始对桥从数学和力学上进行分析，有几项取得很大的改进。一是墩子厚度改得很薄。在此以前，国外的石拱桥墩都只能承受独立一孔的推力，因为这和施工方法有关。当桥墩只能一孔一孔地向前造、拱一孔一孔地向前砌时，桥墩就要为了能独立承受一孔的推力而造得很厚。厚墩既挡水又浪费。如同时修建桥墩和砌拱，则薄墩的拱

30 法国涅妇桥
1578—1607 年

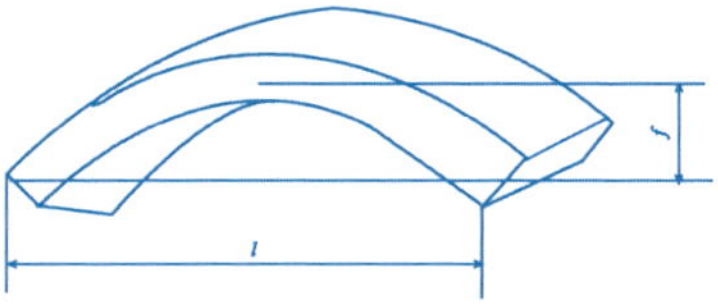

31 拱矢比

推力依靠彼此互相平衡一直传到桥台。二是拱愈来愈扁。工程上把拱矢高 f 和拱跨 l 之比称为拱矢比（图 31）。半圆拱为 1/2，割圆拱一般为 1/3 左右，18 世纪发展到 1/12。扁拱的优点是：拱背不高，便于桥上交通；跨度较大，便于桥下通航。

薄墩和扁拱又超出了当时一般的概念。法国人毕洛涅在 1768 年设计巴黎近郊塞纳河桥（图 32）时，采用了五孔 36.6 米的石拱桥，墩厚 4 米，拱矢比 1/4（尚非很扁的）。当设计提出来时，在会议中便遭到反对。即便于桥建成之后，也还有人写信给当局，

32 巴黎近郊塞纳河桥
1768—1774 年

33 苏州彩云桥

34 苏州宝带桥

预言它要坍塌，并且要求于桥头设警卫保证车辆缓慢地过桥。以后毕洛涅设计了不少桥梁，已经由于工程成功而获得威信，但当他提出拱矢比为 1/13 时又遭到了反对和非议，迫使他最后放弃他的方案。

若说薄墩，我国南方很早就建造薄墩石桥。我们今天所见到的苏杭一带 3 ~ 7 洞的石拱桥，桥墩之薄使相邻的拱石在拱趾处都碰着了，如苏州彩云桥（图 33）。苏州澹台湖上的宝带桥（图 34）共有 53 孔，都是薄墩。该桥初建于唐朝元和年间，南宋绍定五年（1232 年）重建，明、清两代曾加修葺。如此桥仍系原来的式样，比毕洛涅的薄墩早 900 余年；即使从宋代算起也早 500 余年。难怪清代英国使臣马戛尔尼在朝见乾隆途中路过该桥时，叹为“奇观也”，而英国巴罗在《中国旅行记》中称“此种世界不多见之长桥”为“不可思议之建筑物”。

再说扁拱。赵州桥的拱矢比约 1/5.2，比毕氏塞纳河桥更扁。

我国精湛的石拱桥造桥艺术于 17 世纪传到日本。1637 年，中国僧人如定渡海到日本后在长崎传授了中国造石桥的技术，造成了二孔石拱的谏早市长崎县眼镜桥（图 35）。桥长 46 米，宽 5.5 米，高出水面 7 米，虽是扁拱，但为厚墩。

眼镜桥于 1957 年长崎遭洪水后略有损坏；洪水过后，人们将该桥移建于长崎的公园里。

石拱桥继续向轻型的方向发展。1911 年建造的

35 日本长崎眼镜桥

36 法国阿米当尼桥
1911 年

法国阿米当尼桥（图 36）石拱分为两条拱肋，大拱上叠小拱，采取了钢筋混凝土的桥面，减轻了自重。

最后石拱桥让位于造价低、施工速度快、跨度大的钢筋混凝土拱桥。石料已退居建筑装饰镶面的用途。虽然如此，石拱桥仍不失为有生命的桥梁，尤其在山区修建公路和铁路桥时，可以就地取材，并可利用山区熟练的石工造桥。石料的强度也是很高的，花岗石的极限强度还比现在能制造的超高强混凝土（约

37 瑞士格烈松峡谷桥

1000 级）高一倍。近代铁路载重急剧增大，石拱桥采用抛物线变截面拱券、千斤顶调整应力的方法于中小跨径仍大量采用。图 37 是瑞士格烈松峡谷的铁路高架桥，建于 19 世纪末，高出谷底 64 米。

新中国成立之后我国修建了不少新的石拱桥，跨度逐渐增大，著名的石拱桥之一是用堆土做拱模修建的延安延河大桥（图 38）。

桥共三孔石拱，每孔上叠六个小拱。民族形式的

38 延安延河大桥

39 云南南盘江长虹桥

石拱和远处延安宝塔相互辉映，极为和谐。延河大桥用土牛施工，即在河床上堆土作为拱模，这在不通航的沙质河床上是很经济的做法。国内最大跨度的公路石拱桥是1971年开始修建的四川丰都九溪沟大桥，跨度116米；其次是云南南盘江长虹桥（图39），跨度112.52米。国外最大跨度的公路石拱桥是瑞典和挪威之间1946年建造的绥依纳松特大桥，跨度155米。

我国在山区修建铁路时，因地制宜，就地取材，为节约钢料和水泥，建造了不少铁路石拱桥。成昆线的一线天桥（图40）跨度54米，全长63.14米，采用变截面无铰拱，是我国最大跨度的铁路石拱桥。桥两端悬崖陡立，形势险要，一桥雄跨，蔚为奇观。该桥采用缆索吊机及双铰钢拱架施工。

40 成昆线一线天石拱桥

木桥

II

土石和木，本是建设中不可缺少的两项自然材料。木料虽然强度比石料要低得多，但是它能受拉、能受压，作为梁或柱是比较合适的。只可惜它容易腐蚀、燃烧和劈裂、虫蛀，耐久性较差。我国是木结构有独特发展的国家，可是古代木结构遗留到今天的不过辽、宋时代的，千年以上的木结构，只能从古画或古代雕刻中去寻找了。

一根木头，可以造一座独木桥，过桥需要一定的技巧，否则桥头常需放一根竹竿用之扶撑过桥。用两根或更多的木料横铺小木条，走路便较容易。（图 41）别小看这一简单的木桥，千百年山谷里的“栈道”便是这样的。图 42 所示为我国四川宝兴到硗碛残存的栈道。

独木桥还有特别的架法。用三角撑架柱的独木桥，人走在叉架之中，叉架起到栏杆的作用。图 43 是非洲的一座桥，是帝国主义殖民者卡梅伦(Cameron)一本书上的插图，书于 1877 年出版，画着中非萝蒂河上的木桥。该桥虽然不尽完美，但可能是最适应急流的山涧的一种稳妥的快速搭架的桥。

图 44 是我国江西长冈乡一座木撑墩的木板桥，径

41 木桥演变

42 硗碛栈道

依崖梁柱式栈道

43 中非萝蒂河桥

44 江西长冈乡木撑桥

间较大，撑架较平，用材极省。

我国先秦时期的桥梁多半是木梁木柱桥。图 45 为山东嘉祥武氏祠的石刻画像，所刻乃战国时期（前 475—前 221）的木桥。桥上甲马战车，一幅激烈的战争场面。这张画所画的桥在转角处没有桥柱，这是不可能的，也许是雕刻的省笔。

无独有偶，欧洲的古代木桥也只能见之于古画，而图 46 画的是前 331 年亚历山大王出征的场面，画中也有一座双坡木桥，也未画出桥柱。这两幅画时间接近，所画桥梁，形式构造与栏杆布置竟如此相似。

精致准确地刻画出古代木梁柱桥的，莫过于 1953 年我国四川成都青杠坡汉墓出土的画像砖（图 47），砖上刻着一座木梁柱桥，清楚地显示出梁和柱。柱墩每排 4 桩，上有横楣梁，构成排架，然后是木梁上铺木桥面板。奇怪的是，桥面板每隔一块做成楔形。桥边有木栏杆，桥上轺车骏驹奔驰而过，不论在艺术上还是史实上都是精品。

16 世纪的意大利建筑师帕拉第奥曾经根据前 55

45 山东嘉祥武氏祠石刻画像中的桥

46 亚历山大王木桥

47 四川成都青杠坡汉墓画像砖（拓片）

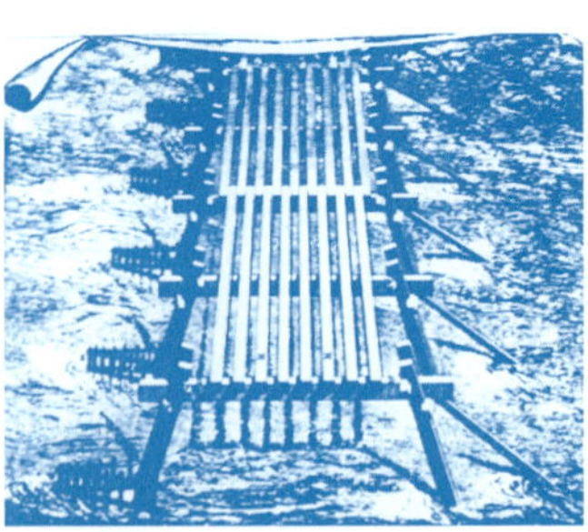

48 帕拉第奥画木桥结构图
前 55 年

年恺撒的叙述文字画出了当时一座欧洲老木桥的结构图（图 48）。显然，以今天的眼光来看，该桥并没有什么特殊的地方，不过是简单的木排架、木横梁而已，也许横梁的尺寸还略显细弱。桥前的分水尖木桩保护排架不受漂流物撞击，桥后的斜撑使桥木柱在水流冲击下更为稳固。

研究了古代结构对桥梁的设计理应有所启发。果然帕氏在设计意大利柏沙诺木桥（图 49）时，木排架的前后部都有斜撑，并和木排柱一起钉上横木板，起到稳定结构、引导水流的作用。为了加大跨径，在桥墩左右斜撑着木杆，成为八字撑架桥。

八字撑架桥使本来只能到七八米短跨的木梁加大跨径一倍以上。再增大梁跨便有伸臂桥。

伸臂桥桥式是用木料一层层垒架起来，由两岸向河心挑出，中间一段搁上短梁。伸臂在两岸的上部以木笼架和大块石块压住。图 50 是四川木里藏族自治县的木伸臂桥。

世界上各国都有此类伸臂桥，我国历史记载在2000 年前便有了。甘肃文县城外的阴平古道木桥（图 51）就是一例，相传该桥最初建于三国时期（220—280 年），现在的桥是清光绪八年（1882 年）的遗物，该桥桥面并不直接设于伸臂上，伸臂斜翘向上起到中间跨径的八字撑架作用。

我国的湖南醴陵渌江桥和印度克什米尔桥（图 52、图 53）都是连续数跨的木伸臂桥。

49 意大利柏沙诺木桥

50 四川木里藏族自治县的木伸臂桥

51 甘肃文县阴平古道木桥

52 印度克什米尔桥（一）

53 印度克什米尔桥（二）

伸臂桥需要的木料过多，且主要靠木料受弯曲以承受力量，没有充分发挥伸臂桥的优点。但是伸臂桥的结构形式给后来的钢桥和钢筋混凝土桥提供了有价值的参考。

木料既能耐压，也就能造拱桥，但造拱的方法和石拱不相同。

前 103 年建造在多瑙河上的特拉扬木拱桥（图 54a），共有 21 孔，每孔约 36 米，图 54b 是它的浮雕。木拱是由 3 层独立的木杆拱用放射形的撑杆联结起来。1824 年沙俄设计的姆下克河桥（图 55）便是仿效特拉扬桥的木拱，跨径 38 米。

是木拱桥而又完全模仿石拱桥建筑，将木段拼夹起来，垒筑成桥的，是坐落在日本岩国市锦川河上的锦带桥（图 56），它是 300 多年前日本仿照我国杭州西湖上的拱桥修建的五孔木桥，造桥时得到中国高

54a 多瑙河上特拉扬木拱桥
前 103 年

54b 多瑙河上特拉扬木拱桥浮雕
前 103 年

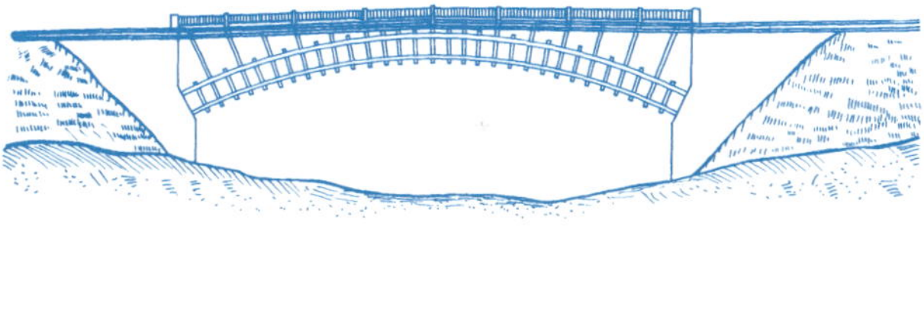

55 沙俄姆下克河桥

56 日本岩国市锦带桥

僧戴曼公独立禅师的帮助。日本岩国市人民把锦带桥看作是中日友好和文化交流的见证，其后并在锦川河畔建立了一座纪念碑。

1823 年建成的沙俄圣彼得堡叶卡捷琳娜花园中的步道桥也是夹木木拱桥（图 57），跨径 12.8 米，桥宽 8.5 米。

1836 年左右，沙俄又造成了这种形式的柴尔斯哥谢里斯克铁路跨过运河的木桥，桥跨 24 米。

木拱桥中最新颖别致且在世界上绝无仅有的是北宋首都汴京（今河南开封）的虹桥（图 58）。该桥见于宋代名画家张择端所绘的《清明上河图》。图上画的桥，经考证实有其物。《渑水燕谈录》和《宋史》都说该桥是北宋明道年间（1032—1033 年）由一个“有巧思”的守牢卒子创建于青州。南宋孟元老的《东京梦华录》中记载道：“中曰汴河……河上有桥十三，从东水门外七里曰虹桥，其桥无柱，皆以巨木虚架，饰以丹雘，宛如飞虹，其上下土桥亦如之。”图中是集中地表现水门附近那座。

虹桥的构架是用大木垒架，第一排为 3 根，第二排错转一个角度为 2 根长木、2 根短木，再颠倒重复地排比过去，几十排木拱中间用横木联结起来，横木起分配拱架内力的作用。（图 59、图 60）

桥上载重亦不轻。根据记载，北宋汴京运输工具，有前面是 20 多头骡或驴，或者是 5 ~ 7 头牛分成两行拉的载重车——太平车，可以装载数十石重。笔者

57 沙俄叶卡捷琳娜花园木拱桥
1823 年

58 《清明上河图》上汴水虹桥
1032—1033 年

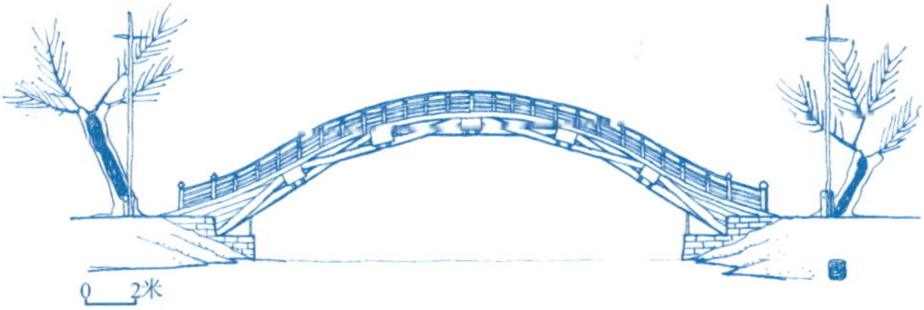

59 北宋汴水虹桥立面图
绘 _ 唐寰澄

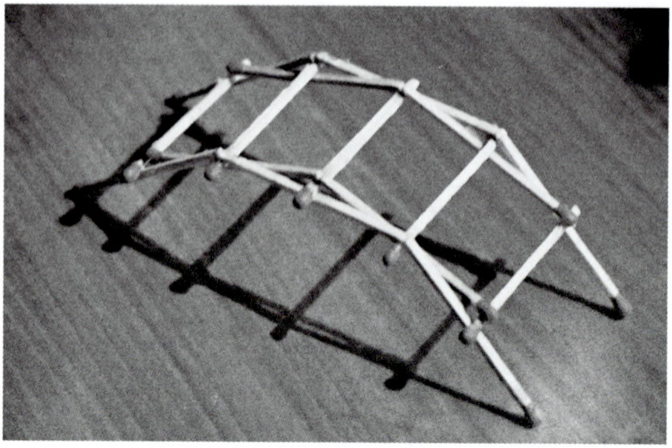

60 虹桥构架

分析，桥跨约 18 米。为了纪念我国桥梁历史上伟大的创造发明，经笔者建议于 1958 年在汉阳武汉长江大桥桥头莲花湖公园中建造了一座规模较小的同类桥梁。

木桁架桥

木桥发展的另一成就是木桁架的出现。桁架在今天已经是非常熟悉的结构。假如说梁和拱是自然界可以看得到的，那么桁架是在自然界找不到的结构，这是人类根据客观规律所创造的。

我国虽然木结构很发达，但是过去的房屋和桥梁建筑中没有普遍使用桁架。只在山西应县佛宫寺释迦塔的夹层中发现有带斜掌的结构，以及在元代壁画中偶有发现。

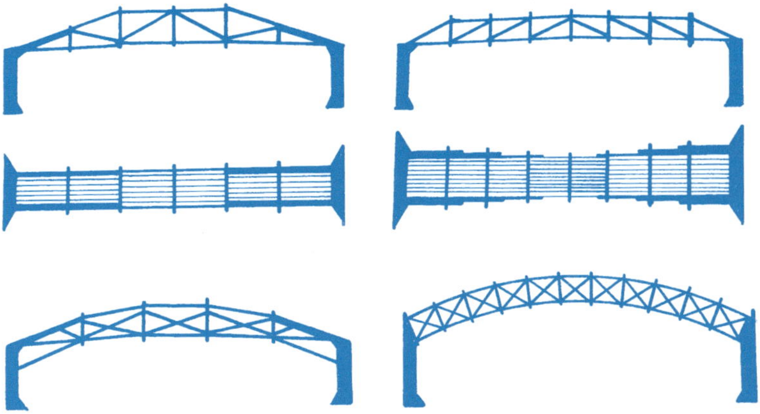

61 帕拉第奥桁架图
1570 年

意大利帕拉第奥于 1570 年写的《建筑四书》一书中画了 4 种桁架图（*图 61*），工程界认为他是木桁架的发明者，可是他自己在书中写着，这些桁架是他的朋友亚历山得鲁于德国看到的式样。总之，木桁架早于 16 世纪前便已有了。

桁架估计是由于掌握了斜撑木的使用而推演出来的。大量地采用桁架则是帕氏画了桁架图之后 200 多年的事。

值得注意的是，虽然有了桁架，也通过书籍记载和传布，可是人们仍相信拱。这是由于人们已习惯了用拱，拱成为传统的稳固牢靠的代名词。

1778 年，瑞士木工葛罗贝曼兄弟在莱茵河上建造了跨度比较可观的立马木桥，这是历史上最长跨度的桥，这个复杂的结构基本上还是拱。1799 年，该桥被法军焚毁。

美国在开国之初，18 世纪中叶后 100 年间，因为美洲大陆原始森林很多，木材较易取得，虽然到处也有的是石料，可是建造石桥需要大量的时间、劳力和金钱，以至于大家都不去考虑石桥，而建造了很多木桥。美国早期木桥多半是拱桥，后来是拱加劲的梁。图 62 是 1840 年建成的费城链桥。原来这是一座铁链吊桥，后改为木桥，但仍沿用旧称。桥共七孔，全长 396 米，是典型的拱夹桁架桥。

桁架的好处是结构比拱简单，对桥墩不产生推力，应用三角形不易变形的原理拼搭而成，终于脱离了拱，形成另一种独立的结构，并由木桁架（图 63）逐步发展到钢桁架。

木桥限于材料性质，有不少缺点：第一是易腐。当年有人问美国造木桥的工人，他们的经验是什么，回答的不是如何设计和建造，而是说“干燥”。这是抓住了木桥的特点，因此木桥多半有“桥屋”（图 64）。第二是易燃。第三是不够坚固，容易出事。（图 65、图 66）虽然木材可以采取防腐防燃的措施，但强度的弱点不易克服。新材料的发展，使木材退而作为施工用材，充其量用作半永久性的桥梁。除非用科学的方法改进它的性能，甚至利用木材做原料改制成新的材料，一般地说它是难以与其他材料竞争的。

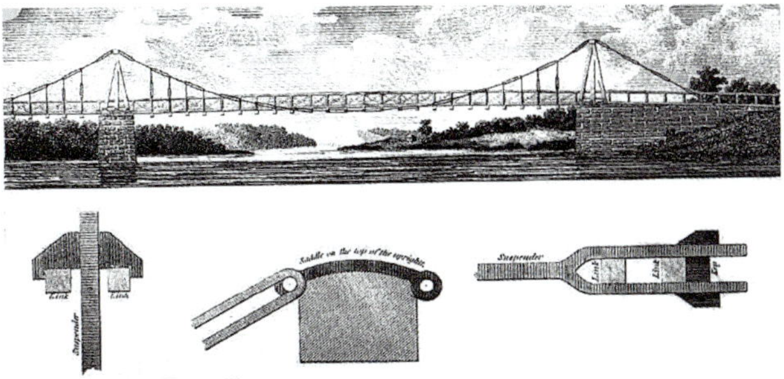

62 美国费城链桥
1840 年

63 美国木桁桥

64 美国木桥屋

65 木桥断裂

66 木桥车祸

藤竹吊桥

III

大部分有关桥梁的历史书上都承认我国是最早有吊桥的国家，迄今至少有 3000 年的历史。除了我国之外，亚洲如缅甸、印度，美洲如秘鲁、智利等具有古老文化的国家也很早就有吊桥。

最早的吊桥可能是独索桥。索用藤或竹编成，人伏在索上的木筒上滑溜过去。*图 67* 是西藏雅鲁藏布江上的溜索桥，用三根藤股组成藤索，索上有木圈，人横挂在木圈里靠手脚的动作过桥。我国白龙江也有类似的溜索桥。

图 68 是我国四川的溜筒桥，人的两腿穿过挂在木溜筒上的篾圈里，双手扶着溜筒，采用坐的姿势过桥。牵动溜筒另有用篾圈挂在主索上的曳索，布置一如近代的缆索吊车。

因独索不安全，便有了多索桥。并列几根缆索上铺木板组成桥面，并在左右各悬上几根缆索，夹以木板作为扶手。我国西南地区多竹，都用竹篾缆造竹索桥（*图 69*）。

世界上最著名的竹索桥是我国四川灌县安澜桥（*图 70*）。桥建在战国秦李冰父子所创建的伟大水利工程都江堰口，横跨岷江内外二江上，共长 330 余米，

67 西藏雅鲁藏布江溜索桥

68 四川溜筒桥

69 四川汶川铃绳桥
绘 _ 美国史丹门

70 四川灌县安澜桥
竹索，20 世纪 50 年代摄

71 安澜桥桥面
20 世纪 50 年代摄

72 印度尼西亚椰竹吊桥

73 西藏墨脱藤网桥

最大跨约 60 米，是一座有中间墩的连续吊桥。江中共有木墩 8 个、石墩 1 个，墩的周围都打有防冲刷的木桩。全桥桥面共用竹索 10 根，每边栏杆各用竹索 5 根，桥面铺有木板可以行走车马。（*图 71*）桥面直接铺在柔软的索上，行走起来震动很厉害。古人经验是必须疾走，在大风之下桥面会“幡幡然掀举”，是比较不稳定的。

原始的吊桥尚有其他不同的式样。

印度尼西亚爪哇地区有椰子树干和竹造成的吊桥（*图 72*）。此桥形式非常特殊，在两岸竖立不少组合的椰子树干，横向层层用竹拉住，自左右两岸向江心挑出桥面。桥面也用竹挂在木柱上。此桥既是吊桥又是伸臂桥，桥跨 20 米，高约 11 米，这种独特的布置与近代的斜拉桥颇为相似。

西藏自治区东南部珞渝地区有一座环形的吊桥（*图 73*）。该桥桥跨达 130 米左右，高出水面约 40 米，用 40 多根藤索围成管状，索拉在两岸的大树或木桩上，人在索环中行走。这样长的吊桥，当起大风的时候左右摆动达 8 ~ 9 米，不过人是在索环中间，安全也就有了一定的保障。

吊桥便是利用这些自然材料在亚洲发展起来的。这里只列举了少数几种式样，仅是这少数几种式样对现代的吊桥发展就有深远的影响。

金 属 桥

IV

人类掌握冶炼金属技术之后，摆脱了自然材料的束缚，能够从自然界提取更有用的新材料了。在石器时代之后紧接着青铜时代，青铜没有用于造桥。青铜时代后为铁器时代，由于铁矿比较丰富，冶炼也比较容易，铁的应用促进了生产，也用于造桥。

我国在桥上用铁较早，可靠的记载为汉代（65 年）云南用铁链做吊桥，唐代（724 年）蒲津黄河浮桥用铁链做系缆。西南地区很早就有了铁链吊桥，都是以铁作为造桥的主要材料，铁也用作石桥和木桥的辅助材料。在欧洲，2000 多年前古巴比伦的幼发拉底河桥，就是以长铁条用铅固定于石块孔眼中的石墩木梁桥。

20 世纪金属桥主要是钢桥。

铸铁桥

18 世纪工业革命，使用机械，开办工厂，生产力大幅提高，桥梁结构也随之有了很大的改变。

为了工业化而生产铁，必须研究铁的分子构造，但在 18 世纪前 75 年还没能解决。1775 年，法国想用铸铁造桥没有成功；美国建国初期贪婪地采伐美洲大陆原始森林，只造木桥；铁的冶炼兴盛于英国。

最初大量生产的是铸铁。铸铁性脆，宜于受压，逊于受拉。用整根铸铁做梁跨，跨长不到 10 米，不能承受车辆的冲击，所以铸铁主要是用于修建拱桥。

第一座铸铁拱桥是 1779 年英国的塞文桥（图 74），因为桥是在柯尔·勃洛克达厂里制造的，故以厂名命名。桥跨 30.7 米，拱矢 13.7 米，有 5 片半圆形拱肋。由于是第一座这样的桥，结构上尚未全部摸清各部分力的作用，所以完全模仿木结构拱的形状，拱肋是分开的，用放射形的铁件联结起来。铸铁比钢耐蚀，桥现仍存在。该桥设计虽带有很大的盲目性，但具有极为可贵的探索精神。

1797 年德国拉森（Lassen）的司脱立告河上造了一座铸铁拱桥（图 75），拱矢较扁。该桥可供双驾马车通行，说明了它能承受 18 世纪交通工具的载重。

同样类型的拱如 1800 年英国切斯特的瓦伊河桥（图 76），共五孔连续，拱矢更扁，是铸铁拱在建筑处理上比较可观的一座。

这些蛛网式的铸铁拱和特拉扬木拱一脉相承，唯材料不同而已。

1786 年，美国人汤姆·佩因（Tom Paine）试图建造一种铸铁拱桥，他在英国伦敦造了一座试验桥，桥跨 26.8 米，没有成功，外加其他政治上的原因他完全失败了。

74 英国塞文铸铁拱桥

75 德国司脱立告河铸铁拱桥

76 英国瓦伊河桥

1793—1796 年英国一家公司利用汤姆·佩因的计划造成了桑德兰桥（图 77）。该桥桥跨 72 米，包括 6 片拱肋，每片拱肋由 105 个节间构成。

桑德兰桥用一格一格预制铸铁块代替石拱，用螺栓和榫头联结起来，由于铸铁比石坚韧，拱桥好像透空的纱罗，所以那时候铸铁成为时髦的造桥材料。铸铁还用于造房屋，做铸铁柱、铸铁屋顶，甚至有人想用铸铁造灵庙。

几座铸铁拱桥的成功建造，使桥梁建设者对铸铁发生更大兴趣。铸铁桥坚牢超过石桥，防火防腐胜过木桥，且人们已掌握了铸铁拱建造方法。1801 年托马斯·特尔福德（Thomas Telford）等便想应用佩因的方法造伦敦泰晤士河桥，图 78 为其设计图，桥跨 183 米，拱矢 19.8 米。该设计在技术上是可能的，但一直没有实现。

法国自 1775 年建造铸铁拱桥失败之后，26 年之后于巴黎塞纳河上造成法国第一座铸铁拱桥——艺术桥（图 79）。该桥共九孔，跨径 17.34 米，每孔 5 片主拱，拱矢 3.25 米，拱与拱之间用横铁联结，大拱之上叠小拱，小拱下另有斜撑支于大拱，木横梁、木桥面支承在拱上。

脱胎于石桥的大拱叠小拱的铸铁桥已经具有它自己的风格。

之后的几十年里，一直到 19 世纪末期，铸铁拱模仿铸铁构件的做法，采用了小块铸件、空心铸块、

77 英国桑德兰桥
1793—1796 年

78 英国伦敦泰晤士河铸铁拱桥设计图
1801 年（未建）

79 法国巴黎塞纳河艺术桥
1801 年

80 法国巴黎索费林诺桥
1858—1859 年

膈形或工字形弧板、圆形或蛋形的铸铁管等，目的是摆脱石拱桥和木拱桥的影响，从新材料的性能研究新的设计制造和施工方法。这期间也造了不少很好的铸铁拱桥，如 1858—1859 年法国巴黎塞纳河索费林诺桥（图 80），桥主跨 40 米，共有 9 片拱肋，间距 2.5 米，桥面宽达 20 米，拱肋是空腹式的铸铁块，与桥面下空腹式的拱上柱很为调和。

在发展铸铁的同时，冶金工业也得到了迅速发展，出现了锻铁、钢、合金钢，一种材料的性能尚未完全摸熟，第二种材料就出现了。这和几千年的木、石结构不一样，工业发展之快促进了桥梁研究方向的多样化。

锻铁—钢桁桥

铸铁的抗拉和抗冲击性能较差，往往容易断裂。冶金技术的不断改进产生了锻铁和钢。锻铁抗拉强度较之铸铁大 4 倍，较之木料要大 12 ~ 15 倍。但锻铁刚刚生产的时候，价格比铸铁贵两倍以上，于是便有了铸铁和锻铁混合的桥梁；再后锻铁价格下落，便有了全部锻铁的桥；而后是钢桥。锻铁桥的历史是比较短暂的。

新材料出现后，限制桥梁设计的是经济问题、材料可靠性问题和技术问题。

1846 年，很多铁路桥已经用铸铁和锻铁造，可是在美国仍然存在着争议，一派主张仍用木桥排斥铸铁，一派主张铸铁、锻铁合用，原因是到 1850 年，铸铁、锻铁的桥梁中一些已经坏了。新材料的推进不会是一帆风顺的，在一段时间中，木、铸铁、锻铁使人感到左右为难。

锻铁出现之后，19 世纪中叶六七十米以上的公路桥都用铁链吊桥。那时铁路开始蓬勃发展，由于吊桥坚劲不足，同时也不是每个地方都适合建造有横推力的拱桥，因此在铁路上发展了桁桥。为了了解桁和板梁的渊源，先谈一座板梁桥。

1846 年已造了跨度 18 米的箱形板梁，上翼缘是工字形铸铁，下翼缘和腹板用 10 毫米的锻铁。

1847—1850 年英国设计建造了不列颠双线铁

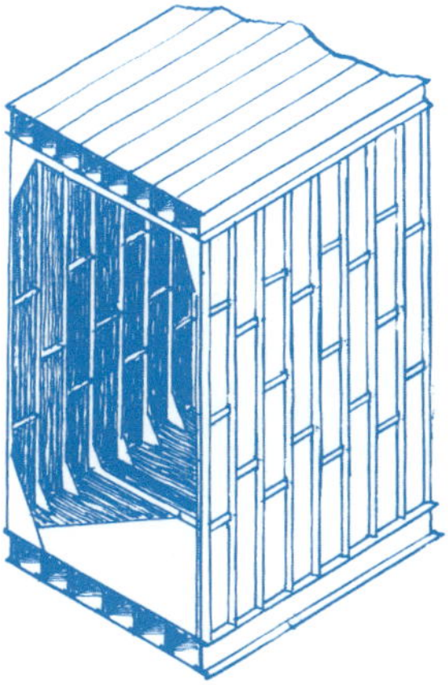

81 不列颠桥箱形梁

路桥（图 82）。原设计为二孔 107 米的铸铁拱，因妨碍航道后改为箱形锻铁梁（图 81），跨径为 71.9 米 +140 米 +140 米+71.9 米。铁板大部分集中于顶部和底部。每线铁路为一单独的封闭箱形。

通过模型试验得出结论，需要用角铁加劲腹板。原来设计时考虑增设吊链以防梁承受不了载重，经过模型试验，梁有足够的坚劲可以不加吊链，但是桥墩仍向上伸出梁顶，并留有吊链孔。

桥用浮运安装，当箱形梁浮运到两墩之间，再用千斤顶升起。当一切准备好后，设计者罗伯特·斯蒂芬森（Robert Stephenson）要求一英寸一英寸地升高，并且在升高的同时予以垫实。他说："没有一件事去依靠机会和命运。"工作中证明，谨慎是正确的。在起顶梁时，梁底从一个千斤顶上脱开了，梁落下 150 毫米，像薄壳一样折曲了，后来经过整形和加强仍可使用。这样的工作态度和下面将谈到的魁北克桥二次失事成为对照。

这一座桥是建筑师和工程师合作设计的。1800 年前后，学校分别培养建筑和结构人才之后，建筑师

82 英国不列颠桥

83 波兰迪尔沙老桥
1844—1857 年

和工程师分工为两种不同的专业，其间的利弊留待以后讨论。这座桥的建筑处理还是比较匀称和调和的。

锻铁箱形的梁式桥，一度在英国风行了一二十年，斯蒂芬森尚为美国造了一座类似的桥，后来因需要一组铆工经常去更换变了形的铆钉，最后该桥被拆去重建了。

锻铁梁采用板式梁不及桁梁经济，当时就发展了小跨度的桁梁。梁的上下弦杆是工字形、槽形、U 形、Π 形的截面；腹杆是十字交叉的锻铁板，使梁的重量

84 德国科隆莱茵河老桥

减轻。在欧洲发展了平弦密格式桁梁，美国则多采用自木结构发展出来的唐氏桁架。

1844—1857 年建造的波兰迪尔沙地方老桥（图 83），桥为六孔 131 米锻铁梁，和英国不列颠桥差不多同时建造，吸收了不列颠桥的经验，不过是将腹板改为密格式桁，用角铁加劲；上下弦杆是组合的工字形梁。

1859 年德国科隆地方的莱茵河老桥（图 84），是四孔 99 米平弦密格式锻铁桁梁双线铁路桥。

早期的桥梁结构不论石、木、铁都是根据经验得来，或是根据已造好的老桥，或是根据模型试验，造桥没有设计和施工、工程师和建筑师之分。造桥的人往往是一个设计者、结构工程师，甚至是雕刻家或其他艺术专家。

木或锻铁桁架中，如不根据实际情况而用了全

85 成昆线金沙江铁路桥

部相同截面的弦杆和腹杆，则不是浪费便是遭到损坏。没有理论的实践是盲目的实践。但要从许多的实践之中找到规律性的东西，上升为理论，是需要时间的。即如自 1638 年意大利伽利略（Galileo Galilei）替梁下了一条不正确的定律起，直到 1857 年法国圣维南（Saint-Venant）发表了完整的、合乎科学的梁的定理止，一共经过了 219 年。

从 1608 年荷兰西蒙斯（Semons）提出桁架初步研究结果，到 1847 年美国惠普尔（S. Whipple）发表了完整的桁架分析止共历 239 年。

在英国不列颠桥的建造中，已经发现将二孔梁连起来变成连续梁要比分别的单孔简支梁刚度为大，可是不懂计算分析，仍照简支梁计算，制造成连续的梁，额外获得安全，也就使预留吊链孔的桥墩吊塔变成后世不了解情况者眼中的建筑装饰！

迪尔沙和科隆老桥也都是二孔连续梁。但因为连续梁的理论到以后才发展，所以虽然已知道连续梁必然会带来经济上和结构上的好处，却未能广泛使用，反而停下来摸索和发展简支梁。

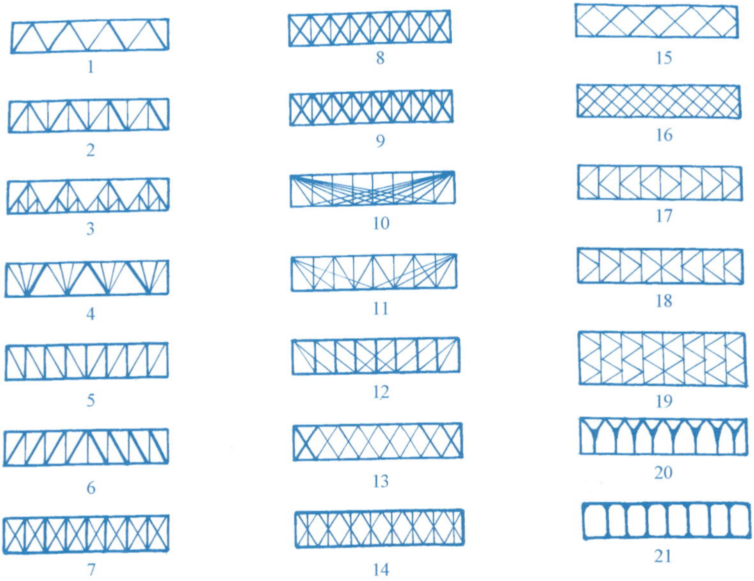

86 桁架的类型

1. 三角形桁架（华氏）1846 年—现在；2. 三角形桁架带副竖杆；3. 三角形桁架带再分杆；4. 三角形桁架带再分杆；5. 白氏桁架（现在式）；6. 霍氏桁架（现在式）；7. 双斜杆桁架（帕式）1844 年—现在；8. 双斜杆桁架（霍氏）1840 年；9. 双斜杆带再分杆；10. 博氏桁架 1840—1850 年；11. 芬氏桁架 1851—1976 年；12. 费氏桁架 1852—1890 年；13. 菱格形桁架 1873 年—现在；14. 米字形桁架—菱格带副竖杆；15. 菱格形桁架（静定式）1890 年—现在；16. 多腹杆密格式桁架（唐氏）1820 年—现在；17.K 形桁架 1830 年—现在；18.K 形桁架；19.W 形桁架；20.Y 形桁架；21. 空腹桁架 1896 年—现在

目前世界上最大跨度的简支铁路桥是 1917 年完成的美国米托波里斯桥，跨径 219 米，是再分式桁架。

我国最大跨度的简支铁路桥乃是 1968 年完成的成昆线金沙江铁路桥（*图 85*），跨径 192 米，腹杆为菱格形。

桁架的类型到今天为止已不胜枚举，概括起来，

87 法国露西亚桥
1854 年

88 日本铫子桥
1963 年

包括后期的发明，以不同的腹杆系统来区别，见图 86。

这些桁架类型有些已经不再采用，有些仍在使用。从结构传力的观点来看，三角形桁架最为直接，所以也比较经济。从近代趋于简洁的审美观点来看，也以三角形桁架最符合要求。图 87、图 88 是不同世纪修建的三角形桁架桥，从中可以看出不同的意趣。

普遍采用的还有三角形桁架带副竖杆的桁架类型，如图 89 所示我国 1959 年建成的重庆白沙沱长江大桥，主跨为四孔 80 米的钢桁梁。

三角形桁架带再分杆的桥梁多用于较大跨度的桥。20 世纪初使用较多，现在已较少应用。

各种菱格形桁架，由于有两组腹杆系统分担剪力，

89 重庆白沙沱长江大桥
1959 年

90 罗马尼亚克拉依渥娃公铁两用桥
1897 年

91 武汉长江大桥
1957 年

有结构上的优越性，国内外都有采用。早如 1897 年建成的罗马尼亚克拉依渥娃公铁两用桥（图 90），我国则自 1957 年建成武汉长江大桥（图 91）起一系列的铁路桥和公铁两用桥都采用了菱格形桁架。

其他至今尚在应用的 K 形桁架、空腹桁架等例见下面伸臂梁等桥式。

桁架在弦杆的布置方面亦有一番经历。

最初的桁架都是平弦，以后便有各种不同的曲弦桁架。（图 92）19 世纪末叶，欧洲比较多地采用鱼形桁架（图 93）。

1829 年法国工程师戴庇亚设计过上下都是曲弦的木桁，这是受了木拱的影响，他并不知道桁架内应力分布的确实情况。桁架应力分析法逐步完善之后，了解到曲弦如与桁架受力后的弯矩图相符合可以使弦杆受力比较均匀以求节约，于是人们有意识地造成曲弦，矫枉过正，并认为鱼形是最合理的。殊不知鱼形梁仅仅照顾了弯矩图，却使桥面另需额外的悬吊材料，结果并不经济，现在鱼形梁已被淘汰了。

1855 年英国人发明了酸性转炉炼钢法，紧接着西门子—马丁平炉炼钢法也被发明了，钢的强度提高，价格降低，逐渐代替了铸铁和锻铁。19 世纪后期和 20 世纪完全是钢的时代了。

桥梁设计应用了静力学。桁架上下弦杆所受的力是根据弯矩图来确定的。研究了连续梁的弯矩图后，人们发现在跨中有几处地方弯矩为零。假定把零点做

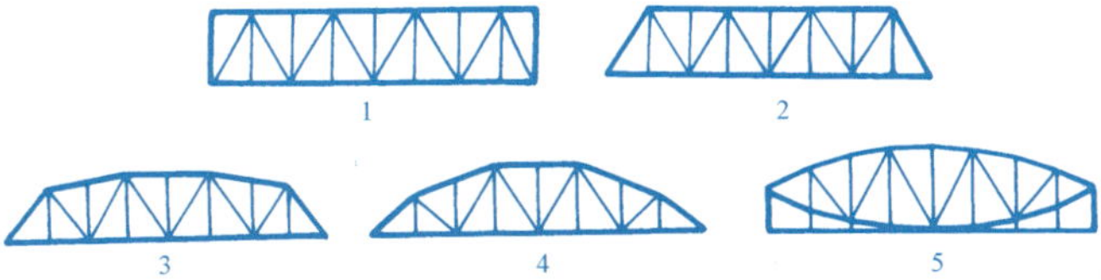

92 平、曲弦桁架
1. 平弦桁架；2. 平弦桁架（端杆倾斜）；3. 折弦桁架；
4. 曲上弦桁架；5. 鱼形桁架

93 鱼形桁架

94 伸臂梁形象说明

成铰，使本来静定不易求解的连续梁变为易解的伸臂梁了。

木桥的历史里已经有了伸臂梁。什么叫伸臂梁呢？英国人从我国西藏木伸臂桥得到了启发，在英国福斯桥设计时形象地做了说明（图 94）：两边主要墩好像坐着两个“力士”，左右伸臂出去，一边拉住压重，称为“锚跨”，一边伸臂出去托着中间悬坐着的人，

95 英国福斯桥
1882—1890 年

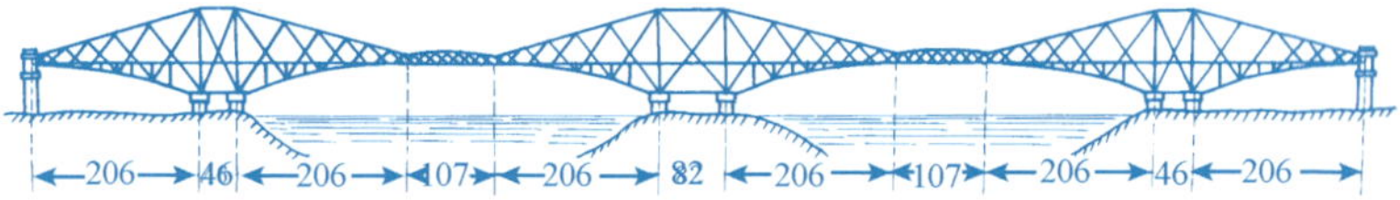

96 福斯桥布置图

称为“悬跨”。伸臂梁便是由锚跨、伸臂和悬跨三部分组成。我国有历史记载的木伸臂梁约在前 405 年。1846 年产生了根据力学创造的伸臂梁，有了科学理论及新的材料之后，伸臂梁得到进一步的发展。

1882—1890 年英国于离爱丁堡约 16 千米的福斯河口修建了双线铁路伸臂梁桥（图 95）。该桥共有 3 个塔，6 个伸臂各长 206 米，悬跨长 107 米，主跨跨径长达 519 米。（图 96）伸臂的主要压杆采用铆合管形杆件，拉杆是缀条联结的型钢（图 97）。铁路面高出高水位约 47.8 米，因为风力甚大，所以桥桁做成向内倾斜的，塔顶宽约 10 米，塔底宽 36.6 米。

97 福斯桥细节

全桥用钢量计马丁炉钢 54000 吨。最大管形杆件直径 4 米，用吊机分块安装铆合。

当前世界上跨径最大的伸臂梁桥为加拿大的魁北克桥。1900—1907 年第一次设计建造时，为了要超过福斯桥，主跨加大到 548.8 米，边跨各为 152.4 米，伸臂 171.5 米。桥面系由于受最小厚度控制，全部用碳钢；悬挂桁架的全部和悬臂的绝大部分用镍钢。第一次修建时，南岸的锚孔和伸臂都已建成，1907 年发现钢板已有溃屈。8 月 29 日，9000 吨钢料全部受扭破坏。桥上有工作人员 86 人，生还者 11 人。破坏从开始到结束只有 5 ~ 10 秒钟。破坏后组织调查，调查报告说桥静重估计得低了，允许应力用得过高，压杆细节设计和制造都不好（图 98、图 99）。

号称世界第一的伸臂梁桥出了事故震动世界桥梁界。此后重新组织人力进行设计（图 100），放弃了旧桥的钢结构，布置为 K 形桁架，进行重建。桁中心距由 5.2 米加宽至 25.2 米。

第二次建造时，两端的锚孔和伸臂都已造好，从下游浮运来 195 米跨径的悬孔。1916 年 9 月 11 日浮运就位，开始起吊，吊到不及一半高处，悬孔吊梁的 4 个支点中的 1 个滑脱，悬孔离开吊梁，整个跌落到河里，其重 4700 吨，造成第二次不幸的事故（图 101）。不得已另行配制，重新安装并于 1917 年完成通车（图 102），至今尚在使用。1917 年 12 月 3 日单线通车，1918 年 8 月 21 日复线通车，1929

98 加拿大魁北克桥第一次安装

99 加拿大魁北克桥第一次设计
1900—1907 年

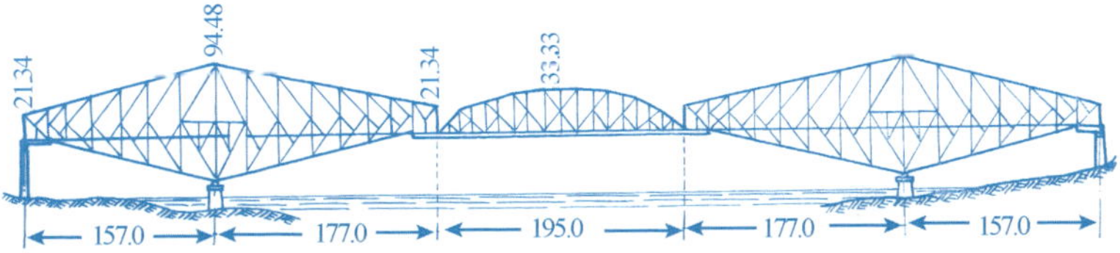

100 加拿大魁北克桥第二次设计

101 加拿大魁北克桥第二次事故

102 加拿大魁北克桥全貌

年在铁路中间铺设双车道公路，1951 年拆除单线加宽公路。

魁北克桥的失败和成功，对桥梁工程界是很大的教训，前后损失钢料数万吨，死亡 82 人，引发人们对设计细节和施工关键问题的极大注意。桥终于造成了，用钢约 6 万吨，为尔后建造伸臂梁或伸臂安装的连续梁积累了经验。

伸臂桥的外轮廓是根据静力学弯矩图得出来的，初看起来似乎是科学的、合乎客观规律的，确也一度成为桥梁界一个风尚。诸如 1892—1895 年修建的罗马尼亚多瑙河上的茨娜伏德桥（图 103），是锚跨 140 米、伸臂 50 米、悬跨 90 米的单线铁路桥；1901—1908 年修建的美国纽约昆斯堡公路桥（图 104），中间锚跨 190 米，伸臂 150 米和 180 米两种，无悬跨，两伸臂用铰联结，得两主跨为 300 米和 360 米。

103 罗马尼亚茨娜伏德桥
1892—1895 年

104 美国纽约昆斯堡公路桥
1901—1908 年

105 美国卡奎内兹桥
1928 年、1958 年

1928 年建成及 1958 年并行加建新桥的美国旧金山卡奎内兹公路桥（图 105），锚跨 152 米，伸臂 101.5 米，悬跨 133 米，得两主跨各为 336 米。

这些桥都是当年伸臂桥的典型，但设计是考虑不周的。因为片面地照顾弦杆，使腹杆尺寸复杂化，也影响了联结系布置的合理性并使它的尺寸复杂化，给设计和施工带来了很多麻烦，也增加了桥的造价。

在建筑艺术上，其形式并非像设计的立面图那样看起来简洁，而是乱七八糟的一大堆钢料。这些问题在美国早先是很不引起注意的。只有把技术、经济和审美统一起来考虑时，钢结构的艺术才有了发展。

不受弯矩图片面的约束，伸臂梁桥也可以建成各种不同的形式。如 1894—1896 年匈牙利布达佩斯弗兰茨·约瑟夫桥（图 106），1903—1904 年建造的德国司纹蒙台桥（图 107），中孔 108 米，二者都是吊桥形式的伸臂梁桥。司纹蒙台桥式在德国曾一度风行。1913 年德国人米娄任教于我国时，曾建议武汉长江大桥采用类似的方案。

伸臂梁以连续梁桥的形式出现并设计得比较优

106 匈牙利弗兰茨·约瑟夫桥

107 德国司纹蒙台桥

秀的如 1933 年的丹麦小带海峡桥和 1972 年的日本大阪港大桥。

丹麦小带海峡桥建成于 1933 年，是五孔伸臂梁桥，双线铁路、双车道公路在一个平面上，桁外尚有人行道。此桥不论在结构上还是建筑上都花了一番心思，力求简洁而美丽。梁高自中部的 28 米以折线向两端逐渐降低，同时跨径也自中孔到边孔逐孔缩小，获得比例上协调的形象（图 108、图 109、图 110）。

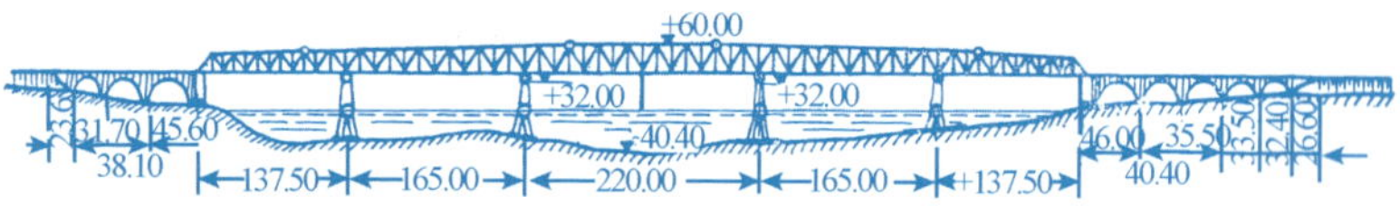

108 丹麦小带海峡桥

109 丹麦小带海峡桥总图
1933 年

110 丹麦小带海峡桥平衡伸臂安装

这座桥基础方面采用了整体浮运钢筋混凝土沉井，平浮在水面翻身竖立的技术，采用了扩大钻孔钻头。钢梁则采用了平衡伸臂法安装，在几个桥墩上同时施工加快施工进度。几十年过去了，其结构、建筑和施工技术各方面仍然不能算是过时的。

日本大阪港大桥建成于1972年，桥长980米，桥孔布置是235米的锚孔、162米的伸臂和186米的悬孔，双层各四车道公路，系世界第三跨径的伸臂梁桥。因为桥址土层松软，为了避免基础沉陷时对梁部产生不利影响，该桥采用伸臂桥式。桥为近代建筑，全桥用5种不同的钢，箱形焊接杆件，K形腹杆桁架，以平衡伸臂法安装，但墩上若干节间的架立和悬孔的吊装采用了2500吨及3000吨浮吊施工。有力的施工机具也显示出近代高水平机械化施工的特点（图111、图112）。

近年来国外对拱式的伸臂桥比较感兴趣，一方

111 日本大阪港大桥

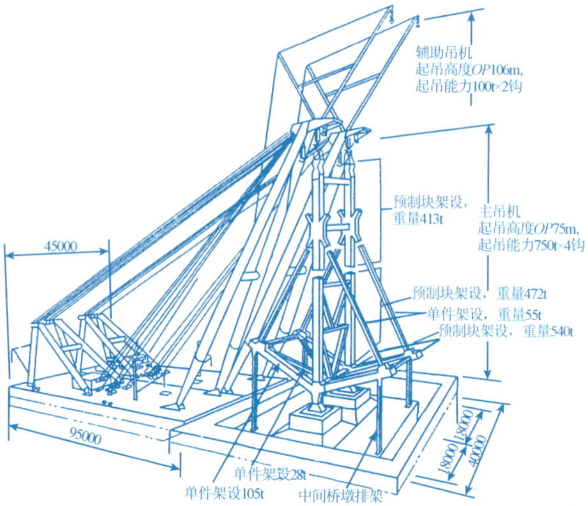

112 大起重量吊机安装

面它在结构上经济合理，另一方面从审美的观点观察也受广大群众欢迎。

拱式的伸臂桥基本上分为两种类型：一是曲弦的悬孔配合曲弦的伸臂，形式上是拱，事实上是梁式伸臂桥；另一种是悬孔为系杆拱的伸臂桥。前一种桥式，制造较简单，安装也方便，实例如 1950 年建成的美国费城新苏耳基公路桥，主孔 207 米；1955—1959 年建成的新西兰奥克兰港公路桥（图 113），主孔 244 米；1972 年通车的日本境内的水道桥（图 114），主孔 240 米，等等。

系杆拱和伸臂梁的组合如巴拿马 1962 年建成的巴拿马运河桥（图 115），悬孔 259 米，伸臂 42 米，锚孔 170 米，桥面宽为 12.8 米，为四车道公路桥。

伸臂梁一般采用的是通过梁上行走的吊机起吊构

113 新西兰奥克兰港公路桥方案
1955—1959 年

114 日本境内的水道桥
1972 年

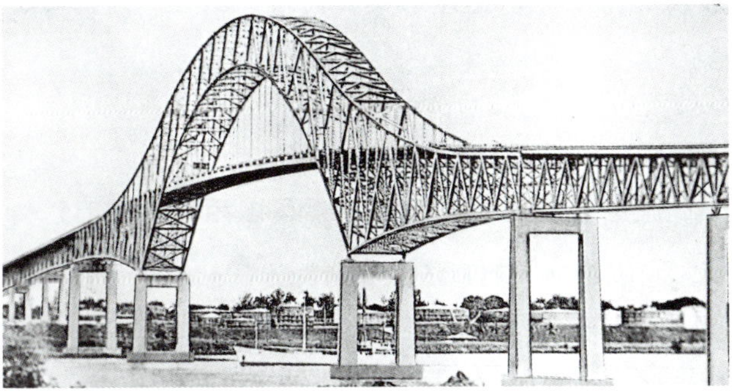

115 巴拿马运河桥
1962 年

件进行拼装，逐段向江心延伸。悬孔则采用伸臂拼装或浮运起吊的方法。巴拿马运河桥用了一艘臂长 100 米、起重量 100 吨的水上吊船安装悬孔，这是巴拿马运河流速较小便于停泊吊船的缘故。

1950 年由桥梁界先辈茅以升先生及梅旸春总工

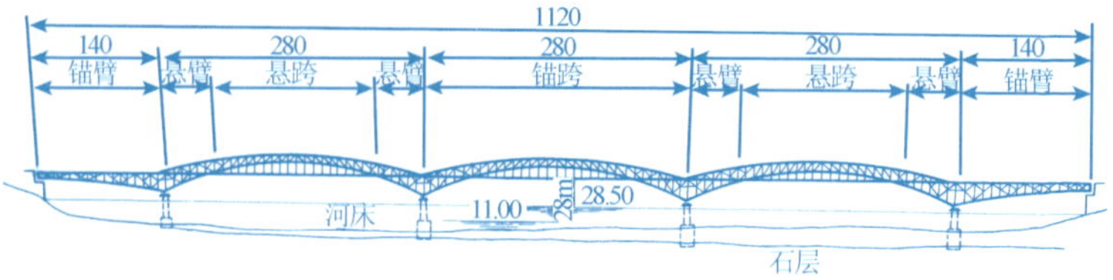

116 未采用的武汉长江大桥方案

程师所提的武汉长江大桥方案设计中有锚孔和悬孔为系杆拱式的连续伸臂桥，跨径 280 米，载重是双线火车，六车道汽车，两侧有人行道，桥式较现有武汉长江大桥更壮丽，方案惜未采用（图 116）。

1960 年英法海峡桥亦有伸臂桥悬孔为系杆拱的方案，主孔达 600 米。该桥亦为双线火车，17.5 米宽的汽车道及两边各 4 米宽的人行道，以跨径而论将为世界第一，但英法海峡是采用桥还是隧道各方争论不休，在两国间跨海建桥为期遥远。

总结伸臂梁桥的优点是：可以用静力学方法计算，可以用伸臂的方法安装避免干扰航道，可以避免基础不均匀沉陷对桥产生的影响，较之简支梁更为经济。它的缺点是：变形大，伸臂端和悬孔联结处有折角，线路没有连续梁和顺，弹性震动较连续梁为大。

19 世纪后 25 年中，对用弹性力学变形的分析方法有了研究，连续梁的分析方法开始完善起来。现在有了电子计算技术，上万次的超静定结构都有办法处理，连续结构在理论分析上完全自由了。又因连续梁刚度好，细节较伸臂梁简单，所以连续梁重新得到发展。在基础较好的桥址，造连续梁是合适的；在基础不太理想的桥址，采取适当措施之后亦可以酌情采用连续梁。

因为伸臂梁是在连续梁的基础上，将梁在力矩反弯点断开，因此所有伸臂梁的桥式都可以建成连续梁。

早期的连续梁铁路桥有 1917 年建成的美国俄亥俄州施脱维尔桥（*图 117*），二孔 236.2 米，1932 年建成的美国阿肯色河公路桥（*图 118*），主孔 168 米。这些早期钢桁桥和后来的相比，不难看出它们是很笨重的。现在最大跨度的铁路连续桁梁桥仍首推施脱维尔桥。最大跨度的公路钢桁架连续梁桥是 1966 年建成的美国哥伦比亚河阿斯脱利亚桥，桥跨 376 米。

国内最大跨径的公铁两用钢桁架连续梁桥是南京长江大桥（*图 119*），正桥为 128 米 +9×160 米（三孔一联）。桥下层为双线铁路，上层为四车道公路及双侧人行道。

钢桁架桥的关键是杆件的组合和节点的联结。

从木桥、铸铁桥开始，联结用螺栓（木桥）或铆钉（铸铁桥），螺栓比铆钉先用于桥上。可是普通螺栓在动载作用下容易松动，到锻铁和钢桥时代广泛采用铆钉。

早期工地栓接结构的细节如巴黎铁塔节点（*图 120*），纵横交会极为凌乱，公路桥和铁路桥也是这样。

在桁架设计中，为了便于计算先有很多假定，其中之一是假定各个节点都是铰接，铆合的细节不能

117 美国施脱维尔桥
1917 年

118 美国阿肯色河公路桥
1932 年

119 南京长江大桥

120 法国巴黎铁塔节点

121 栓焊节点

保证这一假定。19 世纪中叶，美国首先应用眼杆和枢接，那便是杆件在节点处用一根很粗的枢轴联结。经过多年使用，枢接暴露了很多缺点：它制造精确度有困难，梁刚度不足，车行桥上轧轧作响。枢节点日久生锈，转动不灵，失去其原有意义。随着分析和测试技术的提高，知道由于铆合或栓接使杆件产生的次应力不高，枢接早已被淘汰了。

杆件光洁、和顺的联结莫如焊合和栓焊节点（图 121）。20 世纪电气工业发展，钢结构电焊工艺随之产生，电焊的钢梁可比铆合钢梁节约钢材 15% ~ 20%。

电焊要求钢料的可焊性，主要控制于钢材的组织，采用脱氧时镇静的钢锭轧制的钢材称为镇静钢，其金相组织致密，还可同时加进某些稀有金属制成既可焊且强度又高的合金钢。施工技术上常常采取适当

122 焊合节点

的预加热、二氧化碳保护焊、焊后热处理（为了消除内应力）、自动电焊 Y 射线探伤等一系列措施，电焊钢梁在近代桥梁中被大量应用。

图 122 为拱梁结合的焊合节点的模型。

高强度螺栓的出现，打破了过去仅靠普通螺栓或铆钉的常规，而是依靠高强度螺栓使节点板和杆件接触处受压产生摩阻力来传力。原来已被铆合所否定了的栓合联结，回过头来正在否定铆合。因为高强度螺栓节点比电焊和铆合施工方便，劳动强度低，操作无噪声，有利于“平战结合”等优点，世界各国已大量应用工厂焊合、工地栓接的栓焊结构。

近年来正研究用高分子聚合物黏结钢结构的钢桁梁桥，尚在摸索的阶段，未得出大量应用的结论。

由于管形结构的研究和实践已取得了很多经验，并已经有了自动切割钢管交会处的机具，有了自动焊

123 比利时亚尔倍脱运河桥损坏情况

合钢管的电焊机，也由于出现了有限单元法的电子计算方法，工程师对钢管交会处应力能够准确分析，所以无节点板的钢管直接交会焊合结构随之产生，并在海洋石油工程固定式平台中大量采用。钢桁架桥梁方面，1962 年英法海峡桥方案之一是三角形桁架，伸臂梁，最大跨达 425 米，采用管形直接焊合节点，较之有节点板方案减轻重量约 15%。

桁梁桥中一个特殊的形式称为空腹桁架桥。空腹桁架是 1896 年比利时工程师维伦第（Vierendeel）所发明，他的桁架没有斜杆。比利时曾经造了几座铆接和电焊的空腹桁架桥。1938 年比利时哈瑟尔特的亚尔倍脱运河桥自行损坏（图 123）。研究其原因，除了桁式本身的缺点外，主要是对电焊钢梁因温度降低产生的脆裂现象认识不足。通过改进对钢的冶炼，人们对电焊钢梁的脆裂有了控制的方法。

124 曲弦空腹桁架桥

空腹桁架因为杆件内受较大的弯矩，所以一般只用于较小跨径或使用在联结系中，且以曲弦的空腹桁架较为经济合理（图 124）。近年来对刚性梁柔性拱的研究成功，使得曲弦空腹桁架在桥梁构造中逐渐销声匿迹了。

钢板梁、箱形梁、刚架桥

钢梁桥开始是以板梁的结构形式出现的。

较早的钢板梁如图 82 的不列颠桥是箱形梁构造。自此之后，钢板梁都是两片或两片以上的组合工字形钢梁用联结系联结起来，腹板则用垂直的加劲肋加劲。典型的如图 125 所示美国萨柯河公路桥，跨径为 2×27.5 米 +4×33.5 米。图 126 为埃及开罗大学桥，桥七孔，全长共 484 米，最大孔 100 米。

125 美国萨柯河桥
1947 年

126 埃及开罗大学桥
1958 年

钢板梁构造简单，多半用作标准跨度的标准梁，大量应用在公路和铁路的中小型桥梁中，但是在这一领域里，亦逐渐被钢筋混凝上及预应力钢筋混凝上梁所代替。但是钢板梁并没有因此而失去了生命力，随着技术上不断改进，在中、大甚至特大桥中扮演着更重要的角色。

第二次世界大战之后，钢板梁有了新的成就，第一个改进是钢板梁和钢筋混凝土相结合的“结合梁”，利用钢筋混凝土耐磨、受压好的特点，构成钢板梁或箱形梁的上翼缘，而以钢板做腹板及下翼缘。图 127 是 1957 年建成的德国杜塞尔多夫北桥，桥跨径 6×72 米，公路面宽 15 米，两边各 2.8 米宽的自行车道和 2.5 米宽的人行道，梁高 2.95 米。该桥不但是结合梁，且是用高强度钢丝预加应力的钢桥。

捷克奥斯拉娃夹峪桥共两孔，为 132 米 +208 米。梁高在桥台上为 2 米，桥墩上高 10 米，路面宽 30 米，是用 10 厘米厚的钢筋混凝土道床板，使之与焊于钢箱形梁上缘的 U 形钢筋相联合。该桥是结合梁桥，并且是跨度相当可观的曲线连续梁桥。

钢板梁的第二个主要的改进是正交异性板桥面的箱形梁。

铁路正交异性板箱形梁无砟无枕桥如 1962 年建成的科布伦茨莱茵河桥，双线铁路，跨径 2×113.1 米，是目前此类桥的最大跨度。再如 1963 年建成的德国费马恩海峡桥，边孔为 2×102 米，单线铁路，11 米宽汽车道，1.88 米宽人行道。

公路正交异性板箱形梁桥如 1963 年建成的奥地利欧罗巴桥（*图 128*）。该桥为 6 孔连续 81 米 +108 米 +198 米 +108 米 +81 米 +81 米，桥面宽 22.2 米。桥在坡道上，且有部分在缓和曲线上，增加了结构的复杂性。桥主梁高 7.7 米，梁在工厂焊接分段制成，在工地，正交异性板的顶板纵向是铆接，箱形腹板接高用高强螺栓，整个箱形接长用铆接。梁用伸臂法安装，在中孔的中间合龙。该桥的主墩是空心箱形墩，高达 146 米，用滑动模板施工。

目前世界上最大跨径的钢板梁桥是贝尔格莱德

127 德国杜塞尔多夫北桥
1957 年

128 奥地利欧罗巴桥
1963 年

129 贝尔格莱德萨瓦河 1 号桥
1956 年

的萨瓦河 1 号桥（图 129），桥跨 75 米 +261 米 +75 米，公路面宽 12 米，两边各有 3 米宽的人行道。

钢板梁和钢箱形梁的重要发展以及和拱及吊索的组合，使桥梁更富有生趣。

介于梁与拱之间的是刚架桥。刚架桥一如平拱，或类似于木桥中的八字撑架桥。桥在静、活载作用下，受力作用也介于梁与拱之间，较之拱有较小的推力，较之同跨梁有较小的弯矩。

斜腿刚架桥可建成跨线桥。如 1960 年的德国瓦伦珊桥（图 130、图 131），跨径 17 米 +29 米 +17 米；或如图 132 的钢与钢筋混凝土板的结合桥，斜腿不外张而成梯形内收，桥横向稳定和扭转靠梁部来承受。在地形条件和地质情况合适的时候，斜腿刚架较之拱和梁经济。铁路钢斜腿刚架桥目前跨径达百米左右。

世界上跨度最大的斜腿刚架箱形梁的公路桥是 1972 年建成的意大利斯法拉沙桥（图 133），跨度达 376 米。

1973 年法国建成马尔提格斯桥（图 134），主跨 300 米，斜腿下铰点跨径 210 米，路面宽 2×14 米。该桥的安装方法是在下铰点处拼建两个临时塔架，刚架的梁分别在两岸地上拼好两段，中间一段由河中浮运到桥址，接上两端后便用临时塔架将整桥提升约 47 米，再将已连上铰点而平放在地上的两个斜腿用滑车组绞起，联结到刚架梁的底部。

这两座斜腿刚架桥，斯法拉沙桥系八字撑架桥，

130 德国瓦伦珊桥（一）
1960 年

131 德国瓦伦珊桥（二）
1960 年

132 德国汉贝根桥

133 意大利斯法拉沙桥
1972 年

134 法国马尔提格斯桥
1973 年

135 美国蒙茨贝路德尔塔桥
1976 年

而马尔提格斯桥却为内收三角撑的桥。

斜腿刚架桥亦常被设计成连续的电焊钢桥，连续的斜腿一如希腊字母“德尔塔”的大写“Δ”，故斜腿刚架桥亦称“德尔塔桥”。

1976 年美国的蒙茨贝路桥（图 135）是多孔的德尔塔桥，由于构造明朗、匀称、简洁，获得了“美丽钢桥”的称号。

锻铁—钢拱桥

拱桥由铸铁、锻铁，而后为钢拱，也区别为桁拱和板拱。

拱的静力学原理早于 17 世纪就已开始研究了，牛顿已说明了拱石的理论。1840 年起开始有人研究弹性拱，到 19 世纪末期弹性拱的理论已逐步完善，拱的理论是弹性力学研究成果之一。

拱的种类繁多，以单孔拱为例，有如图 136 所示的各种形式。

从石拱发展起来的拱桥一般都是无铰拱，静力学研究产生了伸臂梁，也产生了有铰拱。无铰的拱比有铰的拱经济，铰可以简化设计和避免基础沉陷对拱产生不利的影响。

早期的无铰钢拱桥如美国密西西比河的艾子桥（图 137）。桥建于 1868—1874 年，跨径 153 米

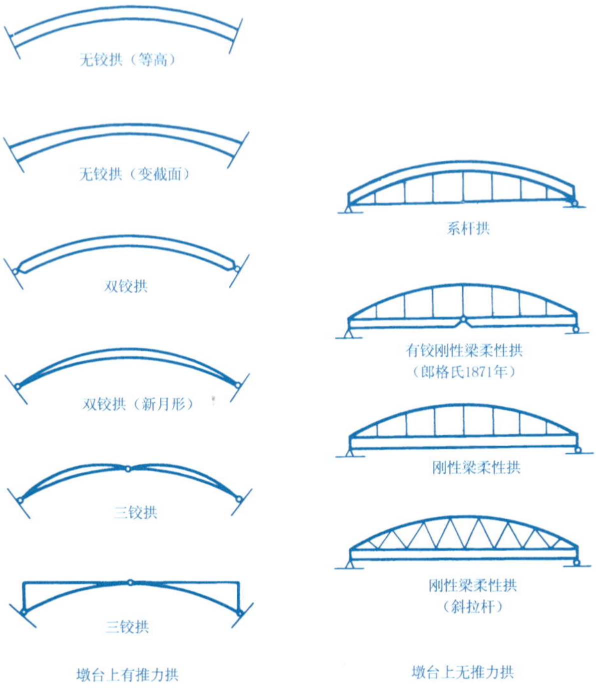

136 各式拱桥

137 美国艾子桥
1868—1874 年

+158.5米+153米。拱为钢管桁，平行弦，共4片桁拱。桥分为两层，上层为公路，下层为双线铁路。

在拱脚处设有铰点的称为双铰拱。

早期的双铰拱桥如1884年巴黎铁塔设计者工程师埃菲尔所设计的法国加拉比桥（图138），桥跨166米，是单线铁路桥。

双铰拱桥的最大受力点在拱顶，于是有所谓月牙形拱或称新月形拱，加拉比桥是该类桥式中较早的一座。新月形桁拱中，数非洲加纳的伏尔塔桥最为新颖壮观，该桥桥跨246米，有双线公路及两侧人行道；拱肋是电焊方箱形杆件，杆件用4根直径70毫米的高强度螺栓联结，是新颖的栓焊结构。该桥完成于1956年。

20世纪二三十年代完成了几座较为著名的双铰钢桁拱桥，它们是1914—1916年的美国纽约岳门桥（图139）、1931年的美国纽约奇尔文科桥（图140、图141）及1932年澳大利亚的悉尼港桥（图142）。

138 法国加拉比桥
1884年

139 美国纽约岳门桥
1914—1916 年

140 美国纽约奇尔文科桥
1931 年

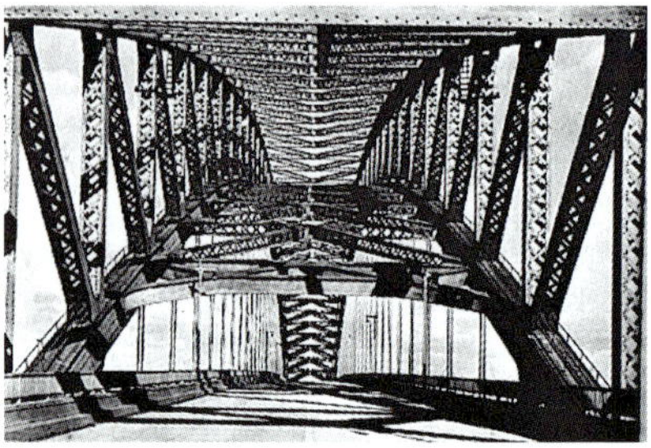

141 奇尔文科桥桥面

142 澳大利亚悉尼港桥
1932 年

岳门桥是由捷克人古斯塔夫·林登塔尔（Gustav Lindenthal）所设计，桥跨径 305 米。桥拱桁的下弦呈抛物线形，承受全部静载及部分活载；上弦和下弦构成桁拱，起加劲的作用，以承受局部载重产生的力矩。铰支座用罩罩起，外形似无铰拱。桥的上弦设反弯曲线，根据设计者自称，是受了我国颐和园玉带桥的启发。反弯的上弦尚可于伸臂安装时做施加回拉绳之用。该桥为四线铁路桥。

美国纽约奇尔文科桥，孔径 504 米，是四车道公路桥。这座桥和岳门桥一样，下弦为主拱肋，上弦和腹杆起加劲作用。岳门桥和奇尔文科桥是接连建造的，基本上是一个设计班底，所以结构十分相似。

目前最大跨径的双铰钢桁拱桥是 1976 年完成的美国费耶特维尔公路桥，桥孔 518 米。

事实上荷载最重、跨径也不小的钢桁拱桥仍应数 1932 年完成的澳大利亚悉尼港桥，桥跨 503 米，四线火车，每两线夹着一片拱；桥中为 17.4 米宽的公路，两侧各 3.05 米宽的人行道。悉尼港桥改进了设计，在合龙之后于拱顶用千斤顶调整应力，使拱桁上、下二弦受力比较均匀。

这三座桥形式上都比较壮丽。三座桥在铰点处都有特别高的腹杆，悉尼港桥的拼接材料达主杆件的 15%，且安装控制所增添的钢料都永远留在桥里，这很不经济，该桥用钢 46000 余吨。

1956—1961 年英国建造了伦考—威特奈斯跨

越默尔西河的连续二铰桁拱桥（图 143）。

该桥中孔为 330 米跨径，边孔各 76.2 米。桥面为单层公路与人行道，设计时考虑以后可以扩建为双层。他们申述采用连续拱的理由是：在空气动力下稳定性较好；三孔连续较之一孔更为经济，有更丰富的外形；可以避免不必要的桥头建筑；三孔连续在采用伸臂法安装时不需要额外的钢料等。这座桥于腹杆布置中亦费了一番心思以求美观。可是该桥建筑艺术上的国际评价并不理想，这将于以后有关章节再述。

此桥除桥面采用了一般强度的电焊钢结构外，其他仍是铆合结构，细节上并不十分先进。

三铰拱是静定结构。三铰拱不因基础不均匀变位而产生不利影响；无铰拱或双铰拱在安装过程中，往往也先以三铰拱的形式合龙，然后再联结固定成双铰拱或无铰拱。

1909 年我国滇越路云南倮姑村附近架设了一座三铰桁拱的人字形铁路桥（图 144）。该桥在深约 100 米的峡谷上，两端都是隧道，一般的桥式安装比较困难。因为当初这条铁路的修路权被法国所控制，法国一位女工程师建议为一人字形三铰拱方案。桥跨并不大，仅 55 米，两侧各半个拱架在两边隧道口立着拼装，倒下后成一三铰拱，上设四孔多腹杆的简支梁（图 145）。

桥式在建筑艺术上虽然也有缺点，但是解决了当时认为十分棘手的技术问题。其实正是在那几个年

143 英国伦考—威特奈斯桥
1956—1961 年

144 滇越路碧河段人字形铁路桥
1909 年

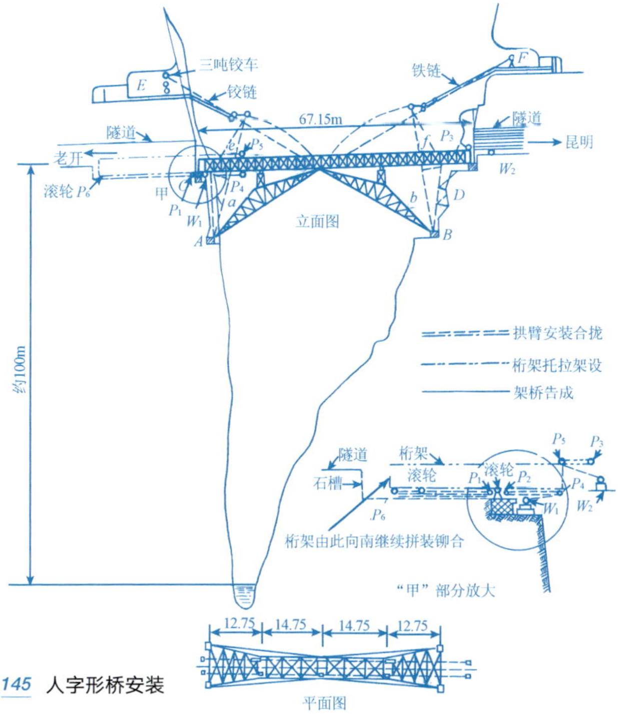

145 人字形桥安装

头，法国对三铰拱有了实践的经验。

1896—1902 年法国维渥河铁路桥（图 146），主孔为 221.3 米，系带伸臂的三铰拱。主孔向两端各伸臂 70 米，上搁 25.4 米的悬孔，是拱和伸臂梁的组合。

上承式的拱桥在拱和桥面之间有很好的联结，起共同作用的称为“框式拱”或“腔构拱”。法国的维渥河铁路桥和美国的尼亚加拉公铁两用桥（图 147）都属于此类。框式钢拱现已较少建造，但在小跨度的钢筋混凝土桥梁上，国内近年颇多采用。

除钢桁拱之外，还有钢板拱。钢板拱可以是由并列几片单腹板拱组成或用两道箱形拱肋建成。图 148 及图 149 均为单腹板拱桥。美国纽约的带桥是一座跨线桥，桥系三铰拱，外形布置如无铰拱，板的加劲肋和栏杆竖柱均随桥做放射形布置以求取得艺术上的效果。

比较大的公铁两用板拱桥为 1938 年建成的美国亨利亨德生桥，跨径 244 米。

近年趋于简洁的桥梁外形，常取两片箱形拱肋的拱桥。如 1967 年捷克建成的兹达柯夫桥跨径 330 米，箱形拱肋宽 1 米、高 5 米，拱肋间距 13 米。

加拿大和美国交界处尼亚加拉河上的莱维斯东—昆斯东桥（图 150）建于 1962 年，桥跨 305 米，箱形拱肋尺寸为 0.9 米 ×3.96 米。

极为新颖的是钢管拱桥。

146 法国维渥河铁路桥
1896—1902 年

147 美国尼亚加拉公铁两用桥
1896—1897 年

148 美国小岳门河桥
1937 年

149 美国纽约带桥
1939 年

150 加拿大—美国莱维斯东—昆斯东桥
1962 年

从铸铁拱开始，桥梁专家早已研究使用过管形杆件，如前述的英国福斯桥、美国艾子桥等。管形杆件的优点是，以较少的材料获得较大的抗压稳定性、较大的抗扭刚度和最小的对风阻力，能得到较好的经济效果。在铆合结构中拼制管形截面与其他杆件的联结节点都比较困难，而电焊结构解决了大部分问题。

1956—1960 年瑞典恩斯科洛夫约海湾上建成了焊制管形工地铆接的管形无铰拱桥（图 151），桥跨 278 米，钢筋混凝土车道宽 7.5 米，两边是各 0.75 米宽的人行道。因为桥址处地质条件较好，所以桥式采用无铰拱；又因桥址处风速高达 150 千米 / 小时，所以采用了管形截面以减少风阻力。桥做了管段的模型试验，求出了风阻力系数和屈曲允许应力。桥拱上的柱亦为无缝钢管。为了全桥统一，引桥也是钢筋混凝土管柱，全桥协调和顺，与弯道曲线、有坡度的路面构成富于旋律的形式。

1980 年 1 月 17 日夜晚，一艘油轮在夜色朦

151 瑞典恩斯科洛夫约桥
1956—1960 年

胧中撞到了该桥拱肋（拱脚处），造成全部拱跨垮下。7 个星期后，当地建起轮渡。6 月，斯坎斯卡（SKANSKA）公司在 7 家投标公司中获胜，作为主包，克虏伯公司作为副包，8 月动工。桥主孔改为砼塔钢梁的斜拉桥，1982 年 10 月通车。

拱的特点是，在垂直力作用下，对桥墩或桥台产生水平推力。正是水平推力的反力，帮助桥支承荷载，取得经济效果。

可是在基础比较深或地基不好的地方，水平推力太大对桥墩十分有害，于是便产生了无推力拱。无推力拱是把拱的推力传给一根拉杆，正像弓和弦的关系一样，所以也叫作“弓弦拱”，或称为“系杆拱”。

弓弦拱桥的例子如 1898 年德国波恩莱茵河桥（图 152），中孔 187 米为下承系杆拱，边孔 93.4 米为上承框式拱。

1962—1963 年美国建造了两座连续的系杆桁拱桥。其一是俄亥俄州新阿尔伯奈桥（图 153），其二是圣马利国际公路桥（图 154）。

新阿尔伯奈桥建于 1962 年，是美国近代采用新技术的较大跨径的一座钢桥。桥采用了两孔各 243 米跨径的连续双层下承式系杆拱，每层三车道公路。桥用箱形杆件，栓焊结构。桥的建筑处理不如 1963 年的圣马利国际公路桥，该桥采用四孔连续系杆拱，桥跨 61.5 米 +131 米 +131 米 +61.5 米，8.5 米汽

152 德国波恩莱茵河桥
1898 年

153 美国新阿尔伯奈桥
1962 年

154 美国圣马利国际公路桥
1963 年

155 日本北海道标津桥
1962 年

车道，2×0.61 米人行道，也是高强度钢栓焊结构。

1962 年日本建造了北海道的标津桥（图 155），是空腹桁架式的系杆拱桥，桥跨 66.8 米，桥宽 6 米，以拉紧系杆预施应力。

以上所提到的拱桥都是所谓刚性拱，就是拱本身能够承受载重所产生的轴向压力、剪力和弯矩，系杆不过是转受拱的推力而已。

1871 年朗格氏设想让拱只受轴向压力，而将系杆做成坚劲的桁架以承受拱推力和弯矩，这便是刚性梁和柔性拱的组合。1871 年朗格氏的方案，刚性梁在跨中设一铰，目的是简化设计。1881 年由朗格氏设计建造的第一座刚性梁柔性拱桥已取消了此铰，其形式如图 156 所示美国匹兹堡的皮特堡大桥。该桥是美国此类桥梁中的最大跨径者，跨长 229 米，双层，每层各有宽 15.9 米的单行汽车道。

国内桥梁中，笔者于 1958 年南京长江大桥方案设计中曾建议采用五孔刚性梁柔性拱，桥跨为 250 米，双层，上层四车道公路，下层双车道铁路，桥墩采用锁口管柱双柱式基础（图 157）。

世界上最大跨径的单孔刚性梁柔性拱桥是 1956 年建成的德国杜伊斯堡莱茵豪森桥（图 158），桥跨 255.6 米，单层，三车道公路宽 16 米，两边各有人行道（图 159）。

以板梁或箱形梁、正交异性板桥面作为刚性梁的刚性梁柔性拱系统是近年较多采用的桥式，因为它外形简单，结构细节也容易布置。连续的刚性梁柔性拱，如适当地选择其比例，桥形较为美观，根据桥面的位置可区分为上、下、中三种支承方式（图 160）。

德国德米茨地方的易北河桥（图 161）是下承式刚性梁柔性拱桥的例子。

156 美国皮特堡大桥
1959 年

157 南京长江大桥桥头模型

158 德国莱茵豪森桥
1956 年

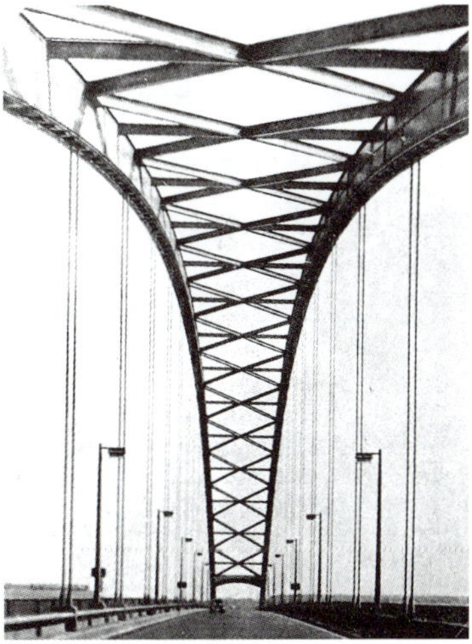

159 莱茵豪森桥桥面

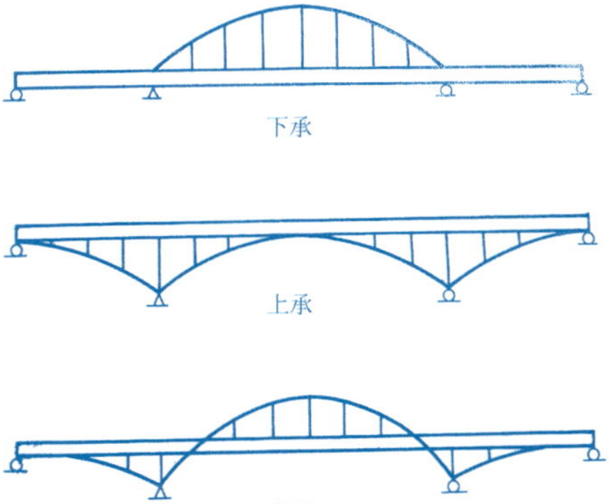

160 连续的刚性梁柔性拱支承方式

1955 年修建的武汉市江汉桥（图 162）是上承式的刚性梁柔性拱桥，桥跨径 54.3 米 +84.37 米 +54.3 米，公路面宽 18 米，两边各有 3.75 米宽的人行道。该桥安装的方法是两岸从边孔向河心安装，至河心桥墩再向河心伸臂 18 米。中间一段 48 米的板梁组拼后用铁驳浮运到桥位，用附设在伸臂端的拼装吊机起吊就位。

加拿大温哥华的博德曼桥是中承式连续的刚性梁柔性拱桥（图 163），桥主拱跨径 365.9 米，边孔 109.75 米，公路面宽 19.5 米。该桥是高强度钢栓焊结构，箱形梁、正交异性板桥面，采用伸臂法安装，桥完成于 1961 年。

1973 年美国建造了类似于博德曼桥的弗利蒙特桥（图 164），桥主孔 382 米，边孔 137 米，是双层公路刚性梁柔性拱桥。上层是正交异性板钢桥面，下层为钢筋混凝土桥面。施工的方法是边孔与中孔的拱和梁相交处伸臂 53 米一段用支架伸臂法安装，中间 275 米一段采用浮运提升的方法最后连成整体，施工步骤和上述我国江汉桥基本类似。

该桥浮运提升重量达 6000 吨，4 个吊点，每个吊点用 8 根 Φ102 毫米的吊杆、液压丝杠联动起吊，浮运提升工作完成得比较顺利。但在安装边孔时，因边孔拱与梁交点的细节设计不当，应力过于集中，节点钢板开裂。后修改细节，拆去重装后，继续施工。

161 德国德米茨易北河桥

162 武汉市江汉桥
1955 年

163 加拿大博德曼桥
1961 年

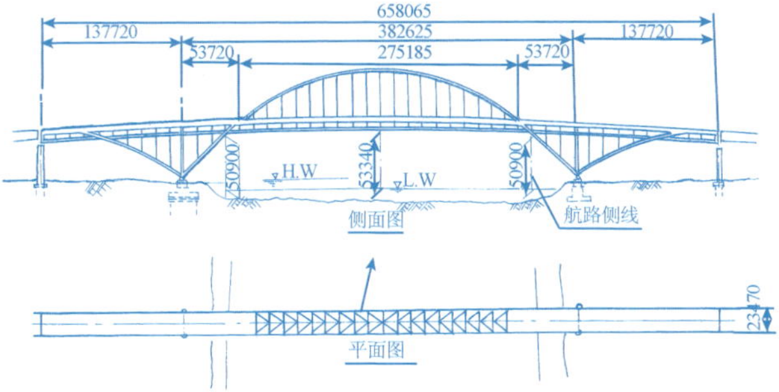

164 美国弗利蒙特桥
1973 年

锻铁—钢吊桥

165 德国画家许腊姆绘的我国云南铁链桥

有历史记载最早的铁索桥建于我国汉代，约在100—200年间，铁索桥的发明当比这一时间还要早。

资本主义国家一直到工业革命之后才有铁索桥，英国是1741年，美国是1796年，法国是1821年，德国和沙俄是1824年，落后我国1000多年。（图165）

近代工业发达的国家中，美国在传统的吊桥技术上比较领先，它依靠比较雄厚的工业基础，吸收外国技术人员，后来居上。英国在传统式吊桥的基础上有所改进，日本则企图在吊桥跨度方面领先。第二次世界大战后，联邦德国发展了斜拉桥体系，为世界吊桥开辟了崭新的领域，并已获得成功。

目前我国新的吊桥建设为数不多，规模较小，必须急起直追，争取赶上。

166 四川泸定大渡河泸定桥
摄影 _ 吴礼冠

我国最有历史价值，世界闻名，迄今仍高悬于云崖之间、湍流之上的是四川泸定县大渡河上的泸定桥（图 166）。

泸定桥建成于清康熙四十五年（1706 年），桥跨径 100 米，宽 2.8 米，桥面共有 9 根铁链，左右各有两根铁链做扶栏。铁链外径约 9 厘米，桥面上铺木板以通行人、牛、马。

铁索桥一般是铁链桥。制造铁链的技术来自造船工业，因此国外铁链吊桥起源于航海事业比较发达的英国。欧洲第一座吊桥是英国 1741 年建造的梯斯河桥（图 167），跨长 20 米，宽 0.63 米。

1809 年建成的美国新褒兰坡桥（图 168），主跨约 62 米，宽约 13 米。

这两座都是铁链桥。

铁索桥第一个进步是改变了原始的桥面直接铺

167 英国梯斯河桥
1741 年

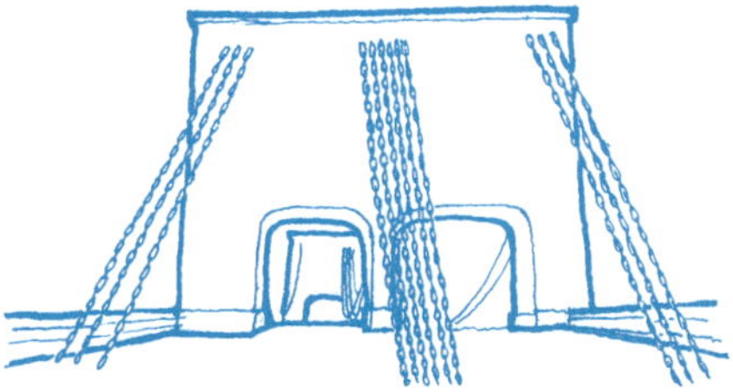

168 美国新褒兰坡桥
1809 年

在索上（行走时随索起伏）的做法，而将桥面吊在索下，这一布置是近代吊桥的先声。

老式吊桥，用铁链、眼杆等做吊索、木横梁、木桥面，这是 19 世纪前期吊桥的普通形式。这一类吊桥虽然坚劲不足、波动很大，但因当时车辆不重，所以未发生什么问题。1769 年开始有第一辆蒸汽机汽车，1885—1886 年生产了第一辆汽油内燃机汽车，直到 19 世纪末叶，兴起汽车制造工业，公路交通工具最重虽然只相当于双驾或四驾马车，但吊桥却常出事。

1822—1823 年，英国造了伦洞吊桥。桥一共四孔，每孔 78 米跨径，每边一共四根眼杆吊索，下面

169 英国伦洞吊桥破坏情况
1833 年被吹坏状况

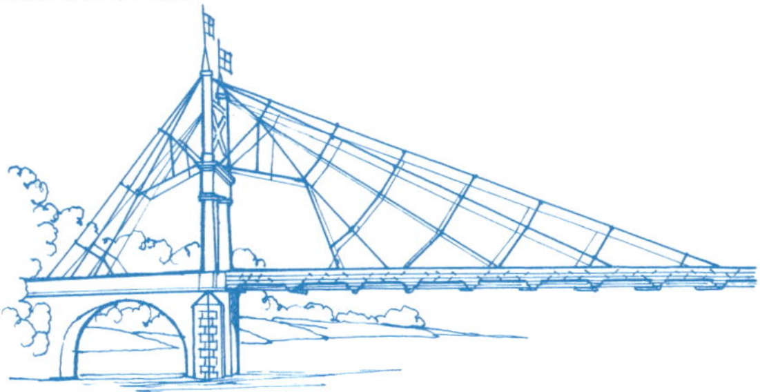

170 德国宁堡萨尔河吊桥
1824—1825 年

悬挂木桥面。1833 年大风吹坏了三孔，靠岸边的第二孔 20 多根铁链都开裂，桥面也严重破坏，第三孔所剩无几，桥墩排架也被拉歪。(图 169) 修复之后三年，1836 年又遇上大风，大部分桥面被吹到海里去了。第二次修复时得出这样一个经验：桥面要做连续的纵梁，桥面下要联结起来，这样有利于抵御风力。

再如 1824—1825 年，德国宁堡建造了萨尔河斜拉吊链桥（图 170）。桥是由许多锻铁拉杆联结起来，木制桥面，桥跨约 78 米，桥宽 7.4 米，吊桥高 14.5 米。桥造成后尚未完全拆去脚手架时，用 6 吨重街车试车，桥面便变形 26 厘米。通车之后的 1825 年，桥突然垮了下来，当时桥上有男女老少 246 人，侥幸活下来的不过 36 人，造成很大的惨剧。其他各国也有不同情况的损坏事故。

虽然出事比较多，但当时还是造成了许多很具规模的吊桥。

1826 年梅涅河吊桥（图 171），中孔约 170 米，是锻铁眼杆的驿路桥，两边车道分别行车，并且考虑了若干在风力下稳定的措施。吊链桥因锻铁强度不够，往往每边需要几层吊链，设计时各根吊链亦采取均匀分配受力的措施。

近代吊链桥由于钢料强度高，吊链数量减少，自重较轻，故可作为大跨度的公路桥。如 1905 年建成的匈牙利布达佩斯伊丽莎白桥（图 172），跨径 290 米，

171 梅涅河吊桥

是当时世界上该类吊桥中跨径最大的桥。

吊桥的优点是，发挥了钢材抗拉强度高的特性，使主要受力系统承受拉力。吊桥要比同样跨度受压的钢拱桥经济，因此同样多材料能建造更大跨度的桥。吊桥的最大缺点是柔软，在车辆动荷载和风荷载作用

下，桥有较大的变形和振动。所以，整个吊桥的历史是和变形与振动斗争的历史，也是争取刚度的历史。

加劲吊桥不外从两个方面着手：一是加劲吊索，一是加劲桥面梁。

锻铁吊链桥往往在垂直平面里有两重以上的吊链，这些多重吊链可以使吊桥刚性略有提高。

1876—1877 年美国匹兹堡的吊桥（图 173），将吊索做成桁架形，且在跨中设置铰点极似倒过来的三铰拱，当年认为这是较有希望的加劲吊桥。但这样的加劲，在跨中铰点变形仍较大，桥的重心太高，在风力和地震力作用下极为不利。

在没有更合理的吊桥形式出现以前，桁式吊索桥亦曾风行一时。

172 匈牙利布达佩斯伊丽莎白桥
1905 年

173 美国匹兹堡吊桥
1876—1877 年

如1886—1894年英国伦敦泰晤士河的塔桥，其边孔亦是加劲桁的吊桥。

1884年捷克人林登塔尔曾在美国设计建造了另一座桁式吊索桥（图174），取消了跨中的铰，较之三铰吊链桥要坚劲一些。

1859—1860年维也纳多瑙河上曾有过一座双层加劲桁式吊索铁路桥，主跨83.45米，但自此之后没有出现过第二座。

1885—1896年林登塔尔为美国纽约北河桥做设计时，提出桁式吊索桥方案，以吊索（钢丝索）代替吊链。桥中跨945米，预备通过8条火车线，年过行人1.6亿，之后设计澳大利亚悉尼港桥时亦有人提出过类似方案，均未被采用，因对铁路桥应用桁式吊索桥是否可行，人们始终是怀疑的。

从1816年开始，欧洲采用冷拔高强钢丝的吊索桥，吊桥又前进了一步。因为钢丝强度较高，吊索就地放线，一索多到上万根钢丝，吊索甚粗，吊桥跨径可以加大。法国修建了相当数量的吊索桥。图175是至今尚在使用的1835年瑞士弗里堡吊索桥，桥跨273米，墩高19.28米，路面宽6.5米，离水面约51米。

虽然美国是吊桥发展比较快的国家，可是法国比美国建造得早，且有一定的技术水平。19世纪50年代，美国由法国引进了吊索桥的技术。1847年由法国人艾兰脱所设计的美国俄亥俄州吊索桥中跨308

174 美国匹兹堡桁式吊索桥
1884 年

175 瑞士弗里堡吊索桥
1835 年

米，作为最长跨的吊桥亦有多年。

19 世纪 70 年代，美国纽约造成了当时世界上第一大跨度的吊索桥——布鲁克林桥（图 176），是美国籍的德国人罗布林（John A. Roebling）所设计。

罗布林对吊索桥的改进最主要的是他的“空中架线法”。原先的吊索桥，系做好一根根钢丝索，架设作为吊桥，缺点是安装时重量过重，整根安装吊索会导致受力不均匀。后改用整圈的钢丝在空中来回穿梭似的架设，组成一根钢索，这样可以保证钢索中每根钢丝的安全系数基本相同。

176 美国纽约布鲁克林吊桥

布鲁克林桥桥跨为 283 米 +486 米 +283 米，桥总宽 26.2 米，现已加了加劲桁架加多车道。

该桥建成之后，纽约举城若狂，叹为奇迹。可是当时也有很多人，面对这样大、如此轻的吊桥，不敢上去走走。新事物的面前总有抱怀疑态度的人存在。

自布鲁克林吊桥之后，美国大力发展公路吊桥，用加劲车道梁（板梁或桁架）以获得坚劲的吊桥。

保持了 27 年世界最长跨度纪录的美国旧金山金门桥（图 177），桥跨主孔 1280 米，边孔 344 米，公路面宽 18.3 米，两边人行道各宽 3.45 米，塔高 342.6 米，钢索直径 922 毫米。

在 1938 年一次大风暴中，人们发现金门桥横向挠度很大，后即予以加固。

1933—1937 年修建的美国旧金山奥克兰海湾桥（图 178），主孔 704 米，边孔 354 米，上层为六车道公路，下层为双轨电车道及三车道公路，塔高 152 米。该桥是两个三孔连续吊桥，中间有一体量较

177 美国旧金山金门桥
1937 年

178 美国旧金山奥克兰海湾桥
1933—1937 年

大的锚墩。

旧金山奥克兰海湾桥和金门桥等都是以加劲桁架做桥面，柔软的吊索、坚劲的桥面是典型的吊桥形式。

本来公路桥对于垂直方向的挠度、坡度以及桥梁抵抗振动的要求并不太高，美国桥梁界在很多大跨度吊桥获得成功之后，胆子越来越大，桥的梁也越来越纤细。

1937—1939 年修建的纽约白石桥（图 179），主孔 701 米，边孔 224 米，公路路面宽 10 米，系用钢板梁做加劲梁。

1940 年修建的美国华盛顿州塔科马海峡桥，又称塔科马狭桥。桥主跨 853 米，边孔 335 米，桥宽仅 11.9 米（1/72 跨径），加劲梁高仅 2.74 米（1/350 跨径，一般为 1/90 ~ 1/40 跨径）。因加劲梁特狭故夸称狭桥。但桥的刚度不够，灌注桥面混凝土时，工人便产生晕船的感觉。1940 年 11 月 7 日在风速仅为每小时 67.5 千米的情况下，桥面垂直振动振幅达 0.914 米，10 小时后禁止通车。之后不久，桥面振动变为扭转振动，振幅达 8.5 米，中孔先垮，跟着边孔也垮了。（图 180）

塔科马海峡桥出事再一次震动世界桥梁界。经过组织研究，研究人员用风洞做模型试验，在风洞里重演此桥的振动，认识到空气动力学对桥的重要性。当时的结论认为以加劲桁和通气空格的桥面对动力稳定最为合适。塔科马海峡桥的损坏和研究，迫使很多

179 美国纽约白石桥
1937—1939 年

180 塔科马海峡桥损坏情况
1940 年

正在施工中的吊桥停下来重新审查设计，做风洞试验。很多已经完工的新老吊桥也重新审查予以加固，如前述的白石桥及华盛顿桥等，都加了加劲桁梁。

181 新塔科马海峡桥
1950 年

新建的塔科马海峡桥（图 181），主孔 853 米，加劲桁梁高 10 米，与跨度之比为 1/85。

第二次世界大战之后，典型的吊桥向更大的跨径发展。如美国密歇根州的麦金纳克海峡桥，主跨 1158 米，边孔 550 米，公路面宽 14.6 米，人行道每边各宽 0.915 米，吊索直径 0.616 米，吊塔高 160 米，加劲桁梁高 11.58 米为跨长的 1/100。桥建成于 1957 年。

1964 年美国纽约的维拉札诺桥，主跨 1298 米，保持了 12 年的世界最长跨纪录，边孔各 370 米，双层公路，每层六车道，钢索直径 0.914 米，吊塔高 210 米。

日本在第二次世界大战后亦修建了不少吊桥。如下关与北九州之间的关门海峡桥，跨径 712 米。而拟建中的本州—四国联络线明石海峡大桥，中孔跨径约 1780 米，是拟创世界纪录的经典式（公铁两用）吊桥。

1980 年完工的英国海斯尔—巴顿的恒伯公路桥（*图 182*），主跨 1410 米，是目前吊桥跨度最大者。

恒伯桥是英国在经典式吊桥系统中应用新技术进行变革成功的第三座桥。第一座是 1966 年通车的英国塞佛恩桥，桥跨 305 米 +985 米 +305 米。根据风洞试验，首先应用了梭形的（*图 183*）、正交异性板箱形加劲梁，梁高 3.048 米，为跨径的 1/323。在新的条件下，又回到轻巧的狭的加劲梁吊桥。梭形箱梁自浮拖到工地起吊，吊索的吊杆双斜向布置，增

182 英国恒伯公路桥

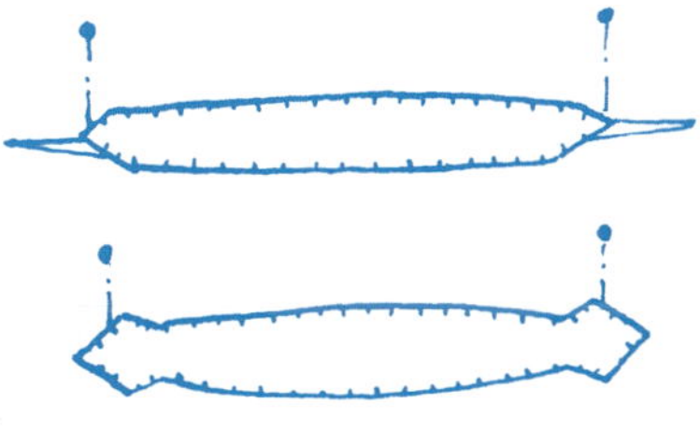

183 梭形梁

加了吊桥的刚度。第二座桥是英国替土耳其修建的博斯普鲁斯海峡桥，桥主跨 1070 米，布置和塞佛恩桥相同，梭形箱梁高 3 米，为跨径的 1/367，桥完成于 1973 年。这第三座的恒伯桥，跨度增至 1410 米，梁高仍为 3 米，为跨径的 1/470，较老塔科马海峡桥的 1/350 更为纤细。

吊桥从加劲吊索到加劲车道梁，虽然刚度增加了，可是始终没有解决经典型吊桥行走火车的问题。

美国于 1855 年在主吊索外附加了多根斜拉索，修建了世界上第一座公铁两用吊桥——尼亚加拉桥（*图 184*）。

这座桥上层是单线铁路，下层是驿道，都是木桥面。桥一共有 4 根吊索，桥主跨约 200 米。

这座吊桥并不让人满意，行车速度被限制在每小时 8 千米，可谓极慢，然而振动仍然过大，不够安全，于是 1897 年拆去此桥，改成一座 187.5 米跨径的钢拱桥。

主吊索外附加多根斜拉索不失为解决吊桥刚度的方法之一，直到今天仍有使用。较早年代的如 1870—1873 年英国伦敦泰晤士河阿尔贝特吊桥（*图 185*），跨径 122 米，除主吊索外，有自塔顶向下放射的多根斜拉索。

前述布鲁克林吊桥亦属此类布置。斜拉索的作用，仅是“意识到”能抗风抗振，而不是科学计算的结果。

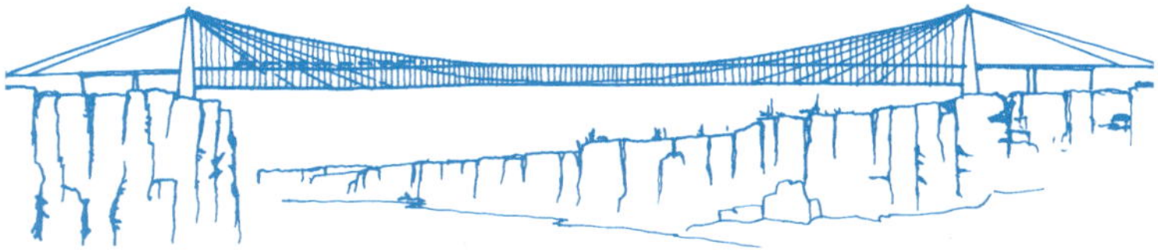

184 美国尼亚加拉公铁两用吊桥
1855 年

185 英国伦敦阿尔贝特吊桥
1870—1873 年

1966 年葡萄牙里斯本特茹河的萨拉查桥，主孔 1013 米，是双层公铁两用桥，上层公路面宽 16 米，下层双线铁路。采用桁梁，典型的吊索桥再辅以塔顶向下放射的斜拉索。第一期工程先通公路，将来再加斜拉索和铁路桥面。因此，该桥虽然号称公铁两用，而实际上铁路部分尚未经过实践的检验。当然，斜拉索毕竟是科学计算中有研究价值的结构。

1967年丹麦至瑞典的大带海峡公铁两用桥征求方案时亦有类似的设计。

美国桥梁专家史丹门从另一个角度对吊桥予以加劲。他的吊桥加劲桁不是平弦，而是在跨中1/2范围里一直伸展到吊索底，其余各1/4跨径的吊索用自塔下向上放射的斜拉索予以加劲。此种设计1924年实施于跨长339.47米的费罗林诺波立斯吊桥；1953年史氏为意大利到西西里岛的墨西拿海峡桥提出类似方案（*图186*），该桥跨径为732米+1525米+732米，双线铁路，公路7.3米宽，加劲桁高为1/40跨长，铁路行走时计算坡度起伏变化小于1%。

看来，以上两种布置仅注意了垂直方向的挠曲变形，关于水平方向的振幅对火车的影响尚未提及。美国金门桥在大风之下横向振幅达2.44米，说明对火车的运行还是会产生影响。

若桥为极窄的管道桥（*图187*），则采用八字形的吊塔，吊索在两个斜面里左右绷紧。捷克的人行及管道桥（*图188*）由一根垂直平面里的吊索及左右两根向下微斜的水平面里的拉索构成立体吊桥系统。这两种布置，显然对横向的抗风和抗振有一定的帮助。1970年意大利墨西拿海峡桥征得第143号方案即采用了立体布置吊索系统，主孔跨径为3000米。

第二次世界大战后德国从古老的桥式中发展了形形色色、由小到大、自成系统的近代斜拉桥。

原始桥梁中的藤萝吊桥（*图4*）、古代桥梁中的

186 意大利墨西拿海峡桥方案
1953 年

187 管道桥

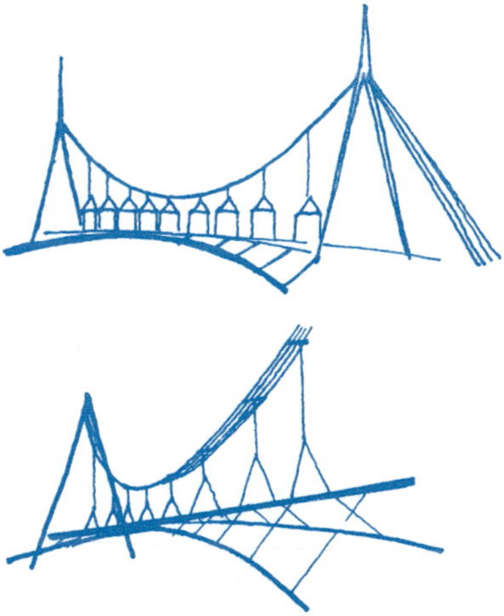

188 捷克人行及管道桥

椰竹吊桥（图 72）都属于斜拉桥。1821 年法国建筑师朴叶（Poyet）建议过放射形斜拉桥（图 189），1840 年英国人哈特利（Hartley）建议过竖琴形斜拉桥（图 190）。1825 年，德国宁堡萨尔河吊桥（图 170）失事。此后，斜拉桥发展迟缓。

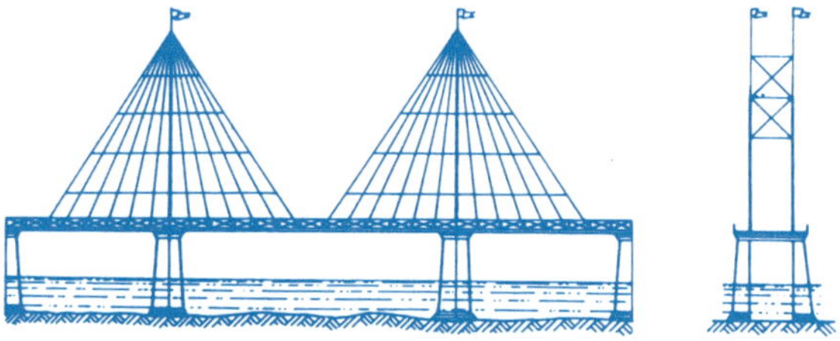

189 朴叶建议的放射形斜拉桥
1821 年

190 哈特利建议的竖琴形斜拉桥
1840 年

第二次世界大战后，德国为了修复大批被战争破坏的桥梁，谋求比较简单、经济的桥式，开始再用斜拉桥。由于近代计算技术、材料强度、工厂制造能力、施工手段等都有进步，斜拉桥在各个环节都有了保证，渐渐重新展现了它的优越性。

近代第一座斜拉桥是由德国人迪辛格设计的瑞典斯德罗姆海湾桥（图 191），桥跨 74.7 米 +182.6 米 +74.7 米，是自锚式斜拉吊索桥，电焊钢板梁做

191 瑞典斯德罗姆海湾桥
1955 年

加劲梁，钢筋混凝土板和钢纵梁结合而成桥面。路面宽 9 米，两边各有宽 1.75 米的人行道。斜拉索自塔顶向下分散放射，是为放射形斜拉桥。

近代的斜拉桥有几个优点：斜拉桥和典型的吊索桥相比刚性大，抗风稳定性好，尤其是抗扭曲振动性能好，这在布鲁克林桥已有实践证明。科学计算和实验还证明：斜拉桥使梁跨一如支承于多数的弹性支点上，可使梁高减低，同时减轻了重量；可以利用斜拉索安装钢梁，安装后在梁内调整应力，使桥中力的分布比较均匀。斜拉桥轻巧简洁、结构新颖，显示出了时代技术的特征，现已经应用到世界各国的桥梁领域之中。

斜拉桥以拉索可区分为从塔顶向下放射的放射形、自塔顶及塔身很多根钢索平行的竖琴形以及梁上集中于一点而在塔身为分散的星形；以吊塔类型可区分为 A 形、双柱形、独柱形等。

A 形塔，放射形索的斜拉桥较早的如德国科隆斜

192 德国科隆斜拉桥
1955 年

193 科隆桥桥面

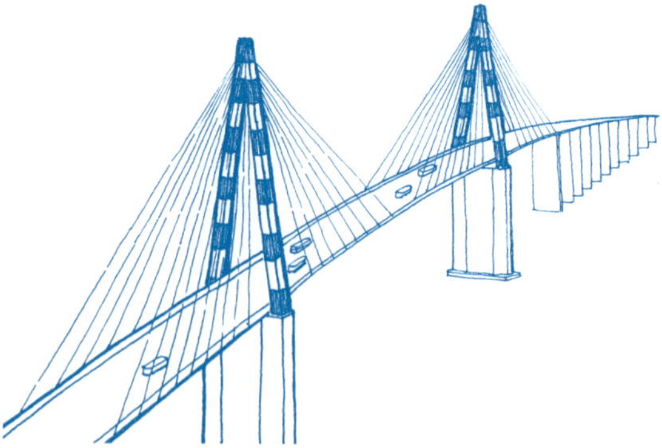

194 法国纳泽尔桥
1975 年

拉桥（图 192、图 193）。桥最大孔 334 米，车道宽 19 米，两侧各有宽 2.25 米的自行车道和各 3 米宽的人行道。该桥梁部构造是双箱梁，采用正交异性板桥面。

目前世界较大跨的公路斜拉钢桥是 1975 年完工的法国纳泽尔桥（图 194），桥跨为 158 米 +404 米 +158 米，路面宽 12 米，加上各 0.85 米宽的人行道。梁是单箱倒梯形截面，梁高仅 3.38 米。该桥采用伸臂法安装。

在几种吊塔的布置中以 A 形塔在结构上有较大的刚度，且使斜拉索成双向倾斜，增加了梁抗风能力和梁横向的稳定性。因此，很多斜拉桥采用了 A 形或类似于 A 形的吊塔，如 1970 年建成的德国路德维希港桥，主跨 141.25 米；1972 年建成的布拉迪斯拉发桥，主跨 303 米，为后仰式 A 形塔，塔顶并设有公共游览的地方。

195 德国曼海姆北桥
1970 年

1970 年完工的德国曼海姆北桥（图 195），主跨 287.4 米，双箱梁、正交异性板结构，每箱上为 7.5 米的汽车道，两箱间是 7.4 米的双轨电车道，桥外侧是各 4.4 米宽的人行道。

A 形塔必然是放射形的拉索布置，虽然也有少数是例外。放射形拉索在透视时稍显交叉凌乱，于是有竖琴形像琴弦一样平行布置的拉索。

196 德国利斯桥
1968 年

竖琴形斜拉索有拉索布置很密者，可以使每根拉索截面减小，同样也可使梁高减低。图 196 是 1968 年通车的德国利斯桥，桥跨 108 米 +255 米 +108 米，桥柱是分离的双柱。

较少拉索的双柱竖琴形斜拉桥如 1957 年建成的德国杜塞尔多夫北桥（图 197），桥跨 108 米 +260 米 +108 米，公路面宽 15 米，两边各 2.55 米宽的自行车道和 2.05 米宽的人行道，双箱梁，正交异性板桥面。该桥采用了电焊箱形梁，正交异性板桥面，梁本身已经获得很大的抗扭刚度；吊塔钢柱采用箱形截面，刚度也很大。

由于双柱可以分离各自支持，独柱斜拉桥开始发展（图 198）。独柱斜拉桥拉索的布置，采用放射形、竖琴形或星形都合适。

1968 年建成的德国的莱茵赫勃桥（图 199），主孔 280 米，桥面宽 35.8 米，是独柱竖琴形斜拉桥。斜拉索愈多，超静定次数愈高，计算愈复杂，但桥梁愈为经济。在安装过程中，若超静定次数高，需通过电子计算机按安装步骤详细计算。赫勃桥的安装细节

197 德国杜塞尔多夫北桥
1957 年

198 独柱放射形拉索斜拉桥

199 德国莱茵赫勃桥
1968 年

有 1500 余个，计算单 6000 多页。

前面已经提到过斜拉索对梁起到弹性支点的作用，支点愈多，梁节间愈小，梁高愈低，桥愈轻巧而又经济。在钢斜拉桥中，箱形梁由于需在箱内进行维修检查，梁高一般在 3 米左右，采用正交异性板桥面，箱梁已有足够的刚度，斜拉索的数量无须分散。

1959 年建成的德国汉堡北易北河桥（*图 200*），桥跨为 64 米 +172 米 +64 米，柱两边桥面各宽 11.5 米，系独柱星形拉索斜拉桥，桥式简单明了。

英国的几座桥梁，如 1967 年的挥河桥，主跨是 87 米 +235 米 +87 米，柱两侧桥面宽各为

200 德国汉堡北易北河桥
1959 年

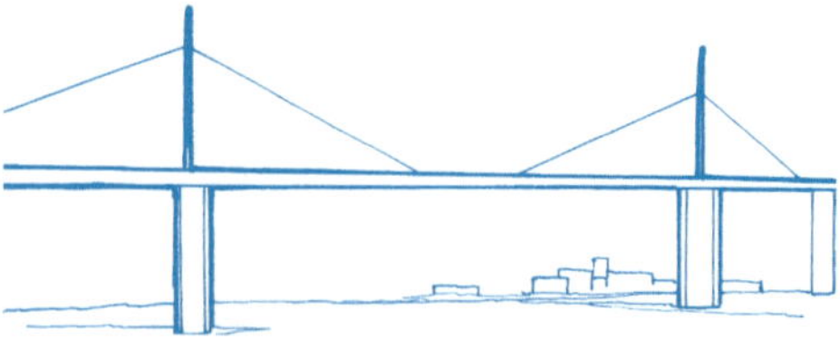

201 英国厄斯金桥
1971 年

7 米 +3.5 米 +3.5 米，主梁高 3.25 米，乃独柱独索斜拉桥。1971 年建成的厄斯金桥（图 201），主跨 110 米 +305 米 +110 米，路面宽每侧为 8.6 米 +2.4 米 +2.6 米，主梁高 3.2 米，亦为独柱独索斜拉桥，其经济效果甚至还优于图 199 的莱茵赫勃桥（赫勃桥耗钢量为 340 千克 / 米^2，厄斯金桥为 300 千克 / 米^2）。

1979 年美国北加利福尼亚州原拟建一座洛克—却克峡谷桥（图 202），由山崖一侧平行于河道的公路，过河转回头联结对岸另一侧平行于河道的公路。由于建坝后水极深，又属地震区，修建桥墩比较困难，桥址处受地形限制，若用直线桥而以桥头线路弯道联结，势必开山做隧道，费用较高，所以林同炎创议修建曲线梁斜拉桥。桥跨度约 400 米，桥面宽 14.9 米，采用曲线箱形梁，共 48 根斜拉索，两岸各 12 根。拉索上端以近于水平的位置锚于岸侧山崖上，下端则顺桥锚于箱梁侧面，所以斜拉索呈双曲抛物面。箱梁结构分别由费尔曼奇教授研究钢箱梁，林氏研究预应力钢筋混凝土箱梁，尚待最后根据经济比较加以确定。另外，尚需做模型试验，研究在地震作用下桥梁的受力情况。该方案虽属斜拉桥，但结构特殊，颇具巧思，因地制宜，比较合理，是斜拉桥的一种变化的形式。

梦寐以求的铁路吊桥在斜拉桥系统中已经实现。1975 年建成的阿根廷的布腊泽拉果桥是公铁两用斜拉桥，主孔 340 米，预应力钢筋混凝土吊塔，塔共四柱，独索斜拉索，钢菱形桁架加劲梁。桥上层为四

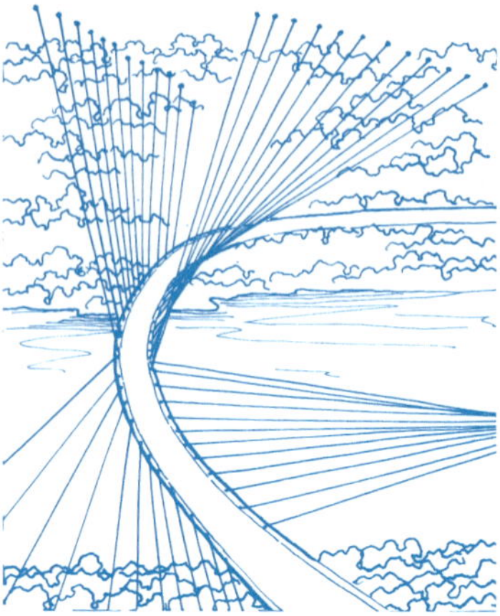

202 美国洛克—却克峡谷桥

车道公路，下层为单线铁路。

1967 年丹麦至瑞典的大带海峡桥方案中有 200 米 +600 米 +200 米跨径的公铁两用钢斜拉桥。

我国也已开始建设铁路斜拉桥。

加拿大布拉德河口拟建主跨为 762 米的公铁两用钢斜拉桥。

意大利墨西拿海峡几乎是各式桥梁的方案试验场，亦有 1300 米主跨的公铁两用钢斜拉桥方案。

在铁路应用斜拉桥方案方面，虽已有建成和拟建的桥梁，但目前仍有争论。争论的焦点仍然是桥的振动和刚度问题。至于其经济性，德国的弗里茨·莱翁哈特（Fritz Leonhardt）经过研究比较，认为 1200 ~ 1300 米主跨的斜拉桥仍比经典式吊桥造价低 25%。

钢筋混凝土、预应力钢筋混凝土桥

V

钢筋混凝土拱桥

几千年前，人类已知道使用煅烧过的石灰或石膏做建筑材料，中国的万里长城和埃及金字塔都使用过这类初级的水泥。1824 年发明了用石灰、黏土、赤铁矿混合起来煅烧成的水泥，水泥从原来只做胶结材料，变为结构主体。

19 世纪 50 年代，人们对混凝土的性质有了比较多的了解，它抗压很好，但抗拉仅及抗压的 1/10 左右。为了提高混凝土的抗拉强度，人们便发明了在混凝土里放进钢筋的方法，构成钢筋混凝土。1855 年美国曾做过钢筋混凝土梁的试验。1861 年已有最初的钢筋混凝土计算的理论书籍出版。

第一个付诸实践的是法国园艺家莫尼埃（Monier），他在 1867—1873 年间制造了钢筋混凝土花盆、木槽、管子、板等。1875—1877 年莫尼埃造成了第一座供人行的钢筋混凝土桥，跨径 16 米，宽 4 米。莫尼埃的配筋方法是在拱外缘加上一层钢筋网。

莫尼埃的布置因为没有计算的理论根据，故未能得到推广，可是却引起了广泛的注意，研究者从力学理论上来探讨，进而得到了很好的结论。

1890 年在德国不来梅工业展览会上曾展出过一座跨径 40 米的人行拱桥，该桥采用的便是莫尼埃的配筋方法。

用耐压的钢筋混凝土代替石料建造拱桥便是从那时开始的，在形式上一如石拱桥。图 203 所示 1900 年建成的加拿大彼得堡猎人街的钢筋混凝土拱桥，是大拱叠小拱的石桥形状。

203 加拿大彼得堡猎人街桥

钢筋混凝土拱桥有石拱桥的技术和建筑艺术为基础，所以一开始就十分动人，它和铸铁拱桥早期的情况不一样。钢筋混凝土拱桥更富于可塑性，更容易装饰点缀，因此产生了很多引人入胜的钢筋混凝土拱桥。

1906 年建成的德国施韦希地方摩泽尔河桥（图 204），桥跨 46 米，虽然仍是大拱叠小拱的石桥式样，可是拱上的装饰和轻巧的铁栏杆已具有近代桥梁的风格。20 世纪初还建成过很多美丽的高架峡谷拱桥，如瑞士葛兰德费栈桥（图 205），系七孔椭圆形钢筋混凝土拱支承着轻巧的双层梁柱式桥面，拱脚很自

204 德国摩泽尔河桥
1906 年

205 瑞士葛兰德费栈桥

然地与墩身融合，没有什么装饰，但是有富于旋律的桥外形。

1924 年建成的瑞士弗里堡地方采林根桥（图 206）乃满腹拱桥，穿过墩身尚有下层的人行道拱。与高拱石桥相比，这座钢筋混凝土桥有平整光滑的表面，并可见到石桥所具有的极费力才能达到的表现力，且有石桥所难以达到的施工速度。所以除了在交通不便的产石山区，钢筋混凝土拱桥更富有生命力。

从 19 世纪末到 20 世纪 50 年代间，有一批工程师异军突起，在钢筋混凝土拱桥方面，打破了传统束缚，创造了新的拱桥形式。创造者是法国的弗朗索瓦·亨奈别柯（Francois Hennebique，1842—1921 年）和他的学生瑞士人罗伯特·梅拉尔特（Robert Maillart）。

206 瑞士弗里堡采林根桥
1924 年

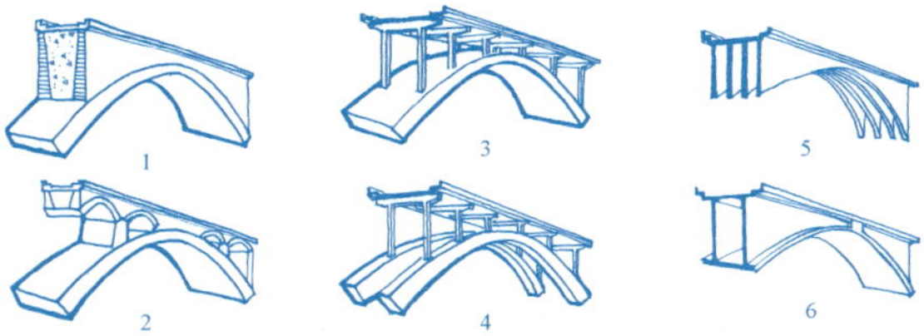

207 钢筋混凝土拱的演变

亨奈别柯对钢筋混凝土桥做出脱离石结构、发挥新材料特点的设计，将板、次梁、主梁系统做整体有机结合的布置。他先将该设计应用于房屋建筑的楼盖，再应用于桥梁，就是图 207 第 5 式的板肋拱，还有拱顶极薄的扁孔。

1905 年，亨奈别柯在比利时列日乌尔特河上修建了一座钢筋混凝土拱桥（图 208），跨径 54 米。这座桥已和传统的石拱桥不一样，流畅连续的曲线，极薄的拱冠，开始发挥钢筋混凝土自身的表现力。

从历史经验知道，新材料出现时，套用旧的形式几乎是不可避免的事，铸铁拱套木拱、钢桁架套木桁架、钢筋混凝土拱套石拱。新材料代替了旧材料，由于沿袭旧形式，往往使新材料结构上可贵的性能与建筑艺术上的新表现力不能立即显现出来。

208 比利时列日乌尔特河桥
1905 年

亨奈别柯的学生梅拉尔特说，工程师们必须要从老的材料所表现的传统形式中解放出来，在完全自由的情况下来考虑整个问题。要充分利用材料，然后我们可以得到像汽车和飞机构造一样美丽的、同样是由材料性质所决定的新形式。

他的话有一定的道理，但亦带有片面性。

梅拉尔特认为亨氏的板肋拱是π形断面，不如箱形断面经济和刚度好；板肋拱在拱脚处十分高大的拱墙，在结构上受力作用不大。梅氏采用了以铅板做铰点的三铰拱（图 209），以桥面板、垂直拱肋和拱底板组成箱形拱，使原来仅为传力到拱的桥面板成为拱本身的有机组成部分。三铰拱最大弯矩点在 1/4 拱肋处，因此他将接近拱脚处的拱墙挖去一个三角形的缺口，正像石拱的大拱上叠小拱一样，却和传统的形式不同。他最早的代表作是 1905 年建成的瑞士格劳宾登州的塔瓦纳沙桥（图 210），桥跨 51 米，路面宽 3.6 米，矢高 5.5 米。该桥 1927 年因洪水冲坍河岸而毁坏。

从塔瓦纳沙桥开始，梅氏改进和发展他的桥式，

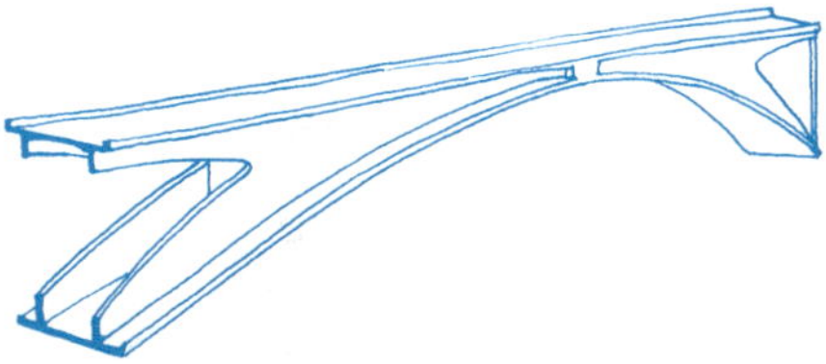

209 梅氏三铰拱

210 瑞士塔瓦纳沙桥

211 瑞士苏黎世萨吉纳桥

修建了一系列的桥。

1930 年建成的瑞士苏黎世的萨吉纳桥（图 211），全长 133 米，路面宽 3.5 米，跨径 90 米，矢高 13 米。桥为三铰拱，有箱形和π形结构。拱顶处宽 3.6 米，至拱脚处以曲线加宽至 6 米。从 1/4 拱处开始，拱上柱为工字形钢筋混凝土板，上下插入拱肋之间，对路面和拱的整体稳定性有很大帮助。拱如两根象牙一样，搭架于翠绿的山谷之中。

1932 年建成的瑞士施瓦岑堡的罗斯格拉贝桥（图 212），全长 102.34 米，路面宽 3.6 米，拱跨 82 米，矢高 9.7 米，照片明晰地显示了其构造。

使梅氏誉满国际桥梁界的是 1933 年建成的瑞士费尔珊葛的图尔河桥（图 213）及 1937 年建于日内瓦附近的阿尔沃河桥（图 214）。

图尔河桥全长 132.4 米，路面宽 9.5 米，拱跨 72 米，矢高 8.5 米。桥由两组三铰拱组成。

阿尔沃河桥全长 79 米，路面宽 9.8 米，拱跨 55.97 米，矢高 4.77 米。桥由 3 组三铰拱组成。

这两座桥，除了拱本身的布置外，还灵活地运用了钢筋混凝土板作为支柱，构成美丽的造型。

梅氏的桥式不限于三铰拱，他也曾设计建造过几座刚性梁柔性拱的钢筋混凝土拱桥。属于这类桥式的有 1933 年建成的瑞士苏黎世附近的乌尔夫林根桥及 1939 年建成的瑞士希旺村的希旺巴赫桥（图 215、图 216）。希旺巴赫桥全长约 55 米，路面宽 3.6 米，

212 瑞士罗斯格拉贝桥
1932 年

213 瑞士图尔河桥
1933 年

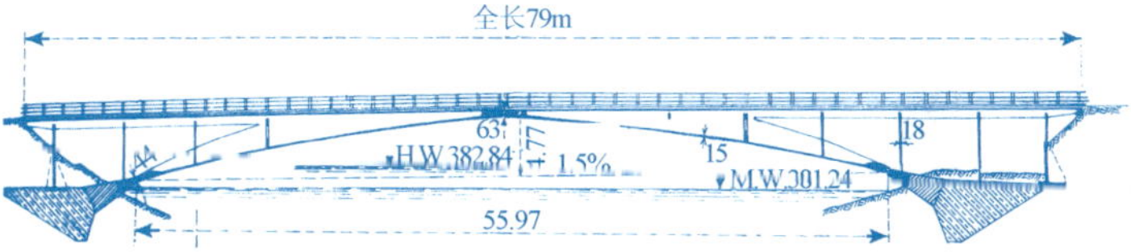

214 瑞士阿尔沃河桥

215 瑞士希旺巴赫桥（一）
1939 年

216 瑞士希旺巴赫桥（二）
1939 年

拱跨 37.4 米，矢高 6 米，处于峡谷之中，桥面既有弯道又有坡度。此桥设计为拱桥一般来说是个难题。梅拉尔特以刚性梁顺路面曲线建造，柔性抛物线拱顺弯道切线方向布置，全部变化以拱上的板形柱来调整，柔性拱拱板薄仅 20 厘米。

1930 年法国工程师欧仁·弗雷西内（Eugéne Freyssinet）建造了埃洛尔恩河上的博浪加斯脱公铁两用桥（*图 217*）。桥主跨为三孔 180 米跨径，桥宽 8.6 米，矢高 27.5 米，保持了 10 年的世界第一拱跨纪录。

217 法国博浪加斯脱公铁两用桥
1930 年

这是第一座箱形、变截面、抛物线拱肋的桥，采用了以铁驳转移的木系杆拱鹰架施工。该桥用了高标号水泥，并做了两年多的混凝土徐变的研究，从而创造了用千斤顶调整拱内应力，消除拱圈受自重作用下的弹性压缩和徐变收缩的影响，并便于拆除拱架。弗雷西内的最大贡献是创造了预应力钢筋混凝土。

1934 年瑞典斯德哥尔摩的塔伦勃桥（*图 218*）是公铁两用箱形拱桥，桥跨 178 米，矢高 26.2 米，亦为弗雷西内作品。

1942 年捷克斯洛伐克建成博独尔斯各公路桥（*图 219*），桥主孔是 150 米的双铰钢筋混凝土拱，路面宽 8.5 米，矢高 41.8 米，在大拱上叠两个中型

218 瑞典塔伦勃桥
1934 年

219 捷克斯洛伐克博独尔斯各公路桥
1942 年

的拱。桥式与 1910 年意大利北部的塔克立亚蒙脱桥相似，结构上减轻拱上重量，建筑上取大拱上的小拱与引桥拱统一、主孔边墩与引桥墩统一，全桥甚为协调匀称。拱很薄，大拱拱顶到拱脚等高 2 米，拱顶宽 7.5 米，拱脚宽 9.5 米，小拱厚仅 0.75 米。

钢筋混凝土拱的跨径日渐增长。1937—1942 年建设的瑞典的桑独桥（图 220），拱跨 264 米，路面宽 12 米，矢高 39.5 米，为箱形截面的拱肋。该桥作为最长跨拱桥的纪录一直保持到 1963 年。

1963 年通车的葡萄牙亚拉皮达桥（图 221），拱跨 270 米，矢高 50 米，公路路面宽 26.5 米，建设之初，拟超过桑独桥为世界第一大跨，但建成后一年即为柏

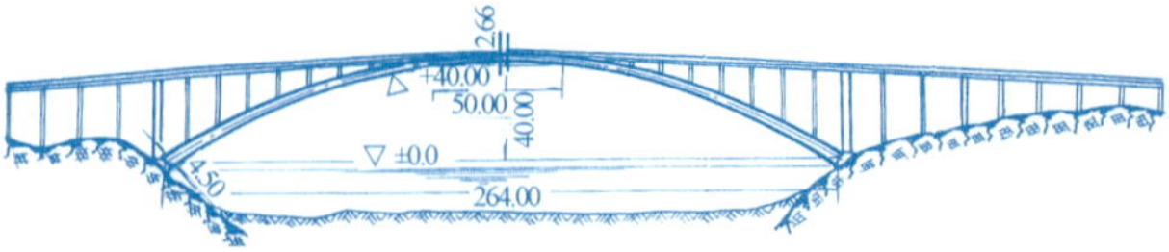

220 瑞典桑独桥
1937—1942 年

221 葡萄牙亚拉皮达桥
1963 年

拉马塔河桥（图 222）所超越。

澳大利亚悉尼港的柏拉马塔河桥拱跨 305 米，公路面宽 21.09 米，两侧各有 1.83 米宽的人行道，拱轴为索线形。该桥的特点是全部预制，拱为 4 个空箱形，由每块重约 50 吨的箱形拱块及横隔板拼成，用弗雷西内扁形千斤顶预施应力。其拱上柱、横梁及车道梁等均为预制（图 223）。

1957 年意大利工程师莫兰第（Riccardo Morandi）为委内瑞拉马拉开波桥提方案（图 224）时，设计了 395 米跨径的拱，其拱上柱采用倾斜的布置，以增加纵向刚度。但拱桥的方案在马拉开波海湾的地质条件下是不合适的。

莫兰第的方案是在 1955 年建成的意大利费马来拉高架桥（图 225）的基础上提出来的，费马来拉桥跨径 231 米。

222 澳大利亚柏拉马塔河桥
1964 年

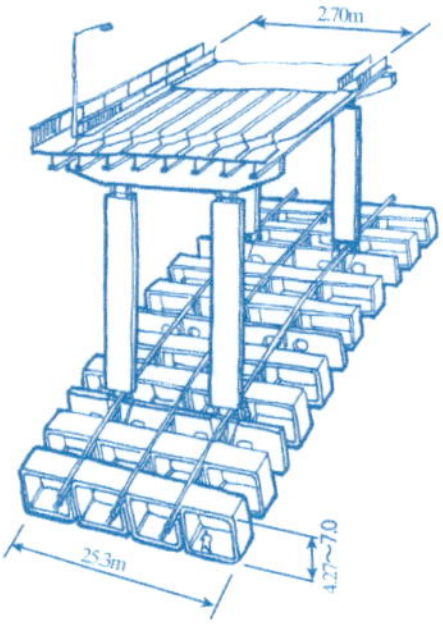

223 柏拉马塔河桥预制件

224 委内瑞拉马拉开波桥方案
1957 年

225 意大利费马来拉高架桥
1955 年

之后莫兰第尚应用此类桥式于意大利的多姆斯桥（图 226）。该桥采用了在垂直位置灌注拱肋，再从两边放倒搭接成桥的方法。这样的施工方法，较之拱架节约资金（拱架的费用有的高达总造价的 25%）和材料。

226 意大利多姆斯桥

双曲拱桥

1964 年，江苏省无锡县交通局创建了具有我国桥梁特色的双曲拱桥。

所谓双曲拱是指除了拱本身有曲率外，垂直于拱的方向亦以拱波的形式出现。双曲拱主要类型如图 227，可分为带肋多波，不带肋多波，单波，带半波或不带半波，多波上补现浇混凝土等各种类型及其组合。

双曲拱是为了适应缺乏运输工具、缺乏大起重量吊机的情况，将拱化整为零，作为拼装式结构而出现的。所以拱肋、拱波都分段预制，到现场后用轻便吊机或缆索吊先安装拱肋，用缆绳临时稳定，再吊装拱波，其联结处填水泥砂浆，再灌注混凝土。由于双曲拱不用鹰架，可节约钢材和木料，以双曲来争取拱本身的刚度，因此也节约混凝土。由于双曲拱结构简单，制造容易，安装方便，形式轻巧美观，因此在全国的公路和铁路获得普遍推广。

第一座试验性的双曲拱桥（图 228），跨度仅 9 米。

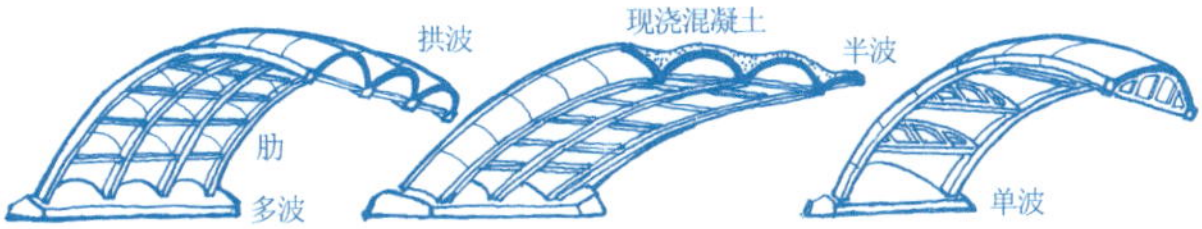

227 双曲拱主要类型

228 江苏无锡第一座双曲拱桥
1964 年

229 江苏无锡新虹桥

无锡近年新建的单波双曲拱桥新虹桥（图 229），拱跨 80 米。

河南的前河大桥（图 230）拱跨 150 米，是单波双曲拱桥。

湖南长沙湘江大桥，正桥横跨湘江，飞越橘子洲，桥全长连支桥约 1500 米，其规模是比较大的。

西藏雅鲁藏布江的岗嘎桥（图 231），是带半波

230 河南前河大桥

231 西藏岗嘎桥

232 湖南攸县双曲拱铁路桥

233 双曲拱结合伸臂桥

的多波双曲拱桥。

双曲拱已应用于铁路桥上，图 232 为湖南攸县铁路桥，由于铁路载重较大，桥拱肋便较密。

双曲拱从结构上来说应属于壳体结构，从施工步骤来看又是分阶段受力的结构，现阶段从理论上分析尚可以提高一步，则双曲拱在铁路桥梁应用时还可加大跨径，目前仅限于 30 米左右的拱跨。

公路桥由于活载较轻，所以桥梁的设计考虑问题较为简单，发展技术较易于着手。又有双曲拱结合预应力伸臂桥（图 233）的设计，使双曲拱“桥跨”加大而“拱跨”缩小，这也是比较别出心裁的布置。

江苏无锡在河上布置了三向半孔交叉于一点的双曲拱桥（图 234），虽然仅是步行桥，并不适合公路或铁路，然而也是别开生面、独创一格的设计。

钢筋混凝土拱桥向拼装式发展已有几十年的历史，基本上可分为有支架和无支架两种。无支架当然比有支架经济。前文说过，双曲拱的设计原则是化整为零，以部分拱的结构支承其他部分拱结构，逐步扩展成整个结构，因此双曲拱是分阶段受力的结构。在这个原则下，拱肋不一定限于波形。一般说来，箱形截面较之开口壳体刚度为好。永安桥 56 米跨径的铁路拱桥使用 3 根直径 1 米、臂厚 10 厘米的钢筋混凝土管做芯，外灌混凝土，成为空心箱形截面的拱桥。现在国内公路部门也在大力发展箱形拱桥。

钢筋混凝土桥和钢拱桥一样，也可以造中承式或下承式的拱，即桥面的一部分或全部吊在拱肋上，悬吊的杆件可以是钢筋混凝土、钢丝索或型钢。

图 235 为下承式的三铰拱桥，跨径 54 米，为了避免拱过于柔弱，采用了倾斜的吊杆。

钢筋混凝土拱也和钢拱一样，可以用拉杆来承受拱推力。尤其是当第二次世界大战后发明了预应力钢筋混凝土，无推力的系杆拱比较多起来。1961 年我国建成了跨度 56 米的昌吉河桥（图 236），是预应

234 江苏无锡交叉双曲拱桥

235 瑞典索兰葛堡桥
1930 年

236 昌吉河桥
1961 年

237 法国索恩河桥
1899 年

力钢筋混凝土刚性系杆梁柔性拱桥，为我国铁路桥第一次采用的系杆拱桥。

中承式的拱桥如1899年的法国索恩河桥（图237），桥跨为52米+62米+52米，拱肋本身的稳定靠刚性吊杆和桥面板组成的刚架来保证。

238 苏联卢日尼基桥
1958年

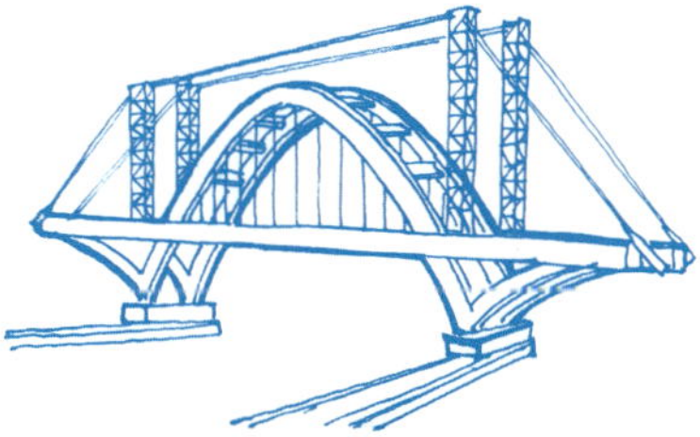

239 卢日尼基桥准备浮运

1958年完工的苏联莫斯科卢日尼基桥（图238），桥跨45米+108米+45米，是双层的公路和地下铁两用桥，采用了预制装配式结构。施工方法是在岸边制造成自锚式三孔连续结构，用临时拉杆加强边孔，然后用224只浮箱组拼成浮驳，浮运8780吨结构到桥位（图239）。

钢筋混凝土拱桥在结构上比钢桥耐久、省钢，养护工作量小，外形美观，不论大、中、小桥都比较适合。根据材料性能和已掌握的施工技术，弗雷西内在1928年便认为可以建造1000米跨径的拱桥。半个多世纪过去了，由于高强与轻质混凝土步入实用阶段，预应力的技术不断提高，水上大型施工机械不断出现，估计大跨度拱桥将不再限于1000米。

预应力钢筋混凝土梁及刚架桥

钢筋混凝土桥，除了拱桥可以修建较大的跨径外，梁桥不论在公路还是铁路，跨径最大不过在 20 ~ 30 米，且不可避免地产生裂缝。

预加应力使钢筋混凝土桥跨了一大步，使钢筋混凝土结构可以和钢结构媲美，有些地方更超过了钢结构。

从 1861 年到 1923 年陆续有人提出这样或那样对混凝土预加应力的想法，但多半失败了。原因在于对混凝土的性能尚未摸透，预先加上去的应力在混凝土收缩之后就消失了。1923 年奥地利的恩波尔格（Emperger）和美国的狄尔（Dill）建议待混凝土收缩完了再预施应力，但他们却忽略了徐变。直至 1928 年法国工程师弗雷西内经过 20 年的研究，确定了徐变的影响才制成了永久存在于钢筋混凝土结构中的预应力。1930 年他建造了博浪加斯脱桥，之后，他的方法传播到全世界，世界各地产生了很多别的种类的预应力技术。

第二次世界大战之后预应力钢筋混凝土桥以异乎寻常的速度发展，在短短 30 多年里诞生了大量的预应力钢筋混凝土桥，最大跨径已达 320 米，设计拟建的有 400 米左右，此后还在逐步增大。

预应力钢筋混凝土桥比普通钢筋混凝土桥节约约 70%的钢、30%~ 40%的混凝土，原则上不会产生裂缝，可以采用安装钢结构的各种方法，建筑上有更丰富多彩的表现潜力。

第二次世界大战之后，法国国内约有 300 座桥需要立即修复，那时缺少钢材，也没有做模板的木料，弗雷西内用他的预应力的方法修复了马恩河上 5 座桥梁。

马恩河桥（图 240、图 241）跨径 74 米，矢高 3.29 米。拱矢比小，拱中力矩较大，若非预应力钢筋混凝土便难做到。此桥全部用预制构件，斜拉索安装，弗雷西内千斤顶后张法预加应力。拱脚处装有弗雷西内扁形千斤顶调整应力。该桥桥面车道宽 6 米，两边各有 1 米宽的人行道，桥面内共 6 片工字形拱肋。

240 法国马恩河桥（一）
1946 年

241 法国马恩河桥（二）
1946 年

预施应力的方法有很多，详细叙述各种方法超出本书的范围，但是为了获得总的概念，简单地说明一下也有必要。

预应力用拉张高强度钢丝、钢绞线或高强度钢筋来取得。拉张的方法基本上分为：

先张法：预应力钢丝在特制的台座里预先拉张，然后立模板、灌注混凝土，钢丝使构件预受压力。先张法的优点是较之后张法节约锚头钢料，便于成批生产产品；缺点是比起后张法，收缩和徐变的损失较大，不能制造复杂的杆件，台座造价较高。先张法现用于制造工厂大批生产的屋面板、梁、铁路轨枕、电杆、桩、压力水管等。

后张法：先灌注好钢筋混凝土构件，在构件中预留管道（或在构件之外）内设置拉张预应力钢丝或钢筋，两端用钢或钢筋混凝土锚头锚于构件端（或中）部对构件预加应力。后张法能处理大跨度的梁，能在现场施工，应力损失值小。

后张法是预应力的主流。不同的预应力法，从拉张钢丝的方法来区分，有一根一根地分别拉张（英国吉福特法），两根钢丝一拉（意大利麦格涅耳法），3 根钢丝一拉（意大利莫兰第法），6、8、12 或多根钢丝一拉（法国弗雷西内法、德国柳芭法等，不胜枚举），把钢丝组成钢绞线一根一根地拉（英国 PSC 法等），以及几十根钢缆缠绕起来，用几个数百吨级千斤顶拉起的德国莱翁哈特法。

242 德国亳尔列莫桥
1953 年

243 法国伏尔泰桥
1955—1956 年

244 法国勃拉凡桥
1974 年

应用高强粗钢筋的以德国迪威达格法和英国李麦考尔法比较好。粗钢筋直径约 25 毫米，钢筋端部有高压压制的螺纹，每次拉张一根钢筋。

图 242 所示 1953 年建成的德国亳尔列莫桥，便是采用迪氏粗钢筋法的斜脚刚构。桥长 143.8 米，斜腿下部跨径 85.5 米，上部三孔跨径为 39.9 米 +64 米+39.9 米。双线铁路，承载达 17.5 吨 / 米，轴重 30 吨，是克恩特煤矿公司的运输专用线上的桥。

1955—1956 年建造的法国伦河上的伏尔泰桥（图 243）是五孔 60 米跨径的斜脚刚架桥。这座桥采用直线的预应力钢丝。拉张钢丝的方法也很特殊，采用扭转钢丝索的方法，一如我国木工扭紧木工锯子的拉绳。该桥为单线铁路桥。

刚架桥是钢筋混凝土桥常用的桥式。预应力桥采用斜腿刚构是靠刚构的水平推力和预应力二者获得较大的桥跨。现在最大的公路斜腿刚架桥是 1974 年法国建成的勃拉凡桥（图 244），桥跨 186 米。

预应力钢筋混凝土的应用使该类桥梁的施工方法起了革命性的变化，因为克服了混凝土不能受拉仅能受压的特性，一变而为可拉的结构。于是，所有钢结构能使用的架设方法，现在几乎在预应力钢筋混凝土桥梁上都能采用。首先震动世界桥梁界的是伸臂安装——单向伸臂或平衡伸臂，桥式称为“T 构”。

德国地伟达公司（DYWIDAG）1950 年首先将以上技术应用于伯尔德明斯坦河上 62 米跨径的预应力钢筋混凝土公路桥，之后又建过几座中跨度的桥梁。1953 年修复埃姆斯河的臬勃龙根桥，桥跨 101.65 米 +114.20 米 +104.20 米，桥面宽 13.5 米。桥左右平衡伸臂各约 57 米，在孔中会合处设置只能承受垂直力的剪力铰（图 245）。因为桥在使用时为伸臂的梁，故施工时亦为伸臂安装。伸臂安装是就地灌注吊篮施工，预应力钢丝都在梁的上部，安装时吊篮沿梁向外行走，一段段地灌注，一段段地拉张（图 246）。

有的采用预制构件拼装的方法，如 1965 年建成的荷兰东斯海尔德桥（图 247），用临时栈桥做吊车梁，吊重 190 ~ 275 吨的预制梁分段进行平衡伸臂安装。桥共 55 孔 91.5 米，全部为拼装式结构，路面宽约 10.7 米。

245 德国臬勃龙根桥伸臂

246 德国摩泽尔河桥伸臂安装

247 荷兰东斯海尔德桥
1965 年

预应力钢筋混凝土伸臂安装的梁式结构共有三种类型：伸臂在孔中相遇，设置剪力铰；伸臂在孔中相遇，予以连续；伸臂在孔中互相离开一段距离再加悬孔。目前世界上最大跨的该类结构的铁路桥为1978年建成的日本吾妻川桥，主跨110米；公路桥最大跨者为1976年建成的日本浜名大桥，主跨240米。日本桥梁为后起之秀，日本以最快的速度引进了国外新的桥梁形式和施工方法，并不断改进。

早在20多年前，伸臂安装方案（图248）问世之后，设计者最大跨的设想跨径为280米。桥为拱形的伸臂梁，超过当时世界最大拱跨桥——瑞典的桑独桥（跨径264米）。伸臂桥箱形腹板为密格式桁，每10米有一道垂直的加劲，用地伟达预应力法。

我国第一座T型刚构公路桥是福建省福州的乌龙江桥，跨径144米。重庆长江公路大桥（图249），共计7孔，其主孔为174米。T型刚构在200米左右的跨径尚称经济，200米以上将让位于预应力钢筋混凝土斜拉桥了。

预应力钢筋混凝土梁除了伸臂法施工外，尚有用顶推法施工及旋转法施工。施工方法不同对结构的形式影响不大，结构形式变化较大的是预应力钢筋混凝土桁桥和吊桥。

248 奥地利抛妥河桥方案
1956 年

249 重庆长江公路大桥

预应力钢筋混凝土桁桥

从钢结构的经验中知道，桁架要比实腹梁经济，几乎所有大跨度的钢桥都离不了桁架。钢筋混凝土桥也研究采用桁的形式（图 250）。早从 1906 年起，德、法及其他国家已建造小跨度的桁桥，跨径在 20 米左右。法国在阿尔及利亚建造的奥突・萨夫萨夫桥（图 251）为七孔 25 米钢筋混凝土系杆拱，拱用桁式结构。

混凝土不能受拉，桁架中的受拉杆件完全由钢筋承受，混凝土只能起保护作用。然而钢筋混凝土桁架的节点处由于次应力而产生的弯矩和桁架杆件对节点的局部应力分布问题很不明确，对混凝土的受力情况的了解尚不全面。这些节点常常产生裂纹，因此钢筋混凝土桁架未能普遍应用。直至预应力钢筋混凝土的产生，桁架在这一领域重新被采用。

1957 年德国修复芒法尔河谷处一座在第二次世界大战中被破坏的桥梁（图 252、图 253），跨度为 90 米 +108 米 +90 米。征求方案时得到 7 个钢桥方案和 1 个预应力桁架方案，以预应力桁架方案最经济。

设计者不但从经济上考虑，同时尚想实现一个美丽和谐的工程结构，他采用了双斜杆桁式，桥桁高 7.34 米，节间长 6 米。桁的上弦便是宽 23.5 米的桥面板，下弦宽随桥变化。腹杆宽跨中为 66 厘米，支座上为 200 厘米，厚 44 厘米。受拉杆件用地伟达预应力法。桥用单向伸臂借助于临时墩灌注。

250 钢筋混凝土桁桥

251 阿尔及利亚奥突·萨夫萨夫桥

252 德国芒法尔桥
1957—1960 年

253 德国芒法尔桥细部

芒法尔桥于 1960 年通车（图 254），据说质量良好，荷载试验的结果表明计算和实际结果甚为符合。

芒法尔桥开创了预应力钢筋混凝土桁架桥的先例。即在同一年——1957 年，笔者曾提出若干预应力钢筋混凝土桁架铁路桥的设计，用钢筋混凝土管形杆件及图 255 之锭形腹杆。采用简支梁，桥跨 40 米，桁高 4 米，铁路道砟桥面或有枕无砟桥面。腹杆亦为双斜杆的菱格形，无竖杆，受压腹杆是一片锭形构件，受拉腹杆为两片锭形杆夹住受压杆。受拉杆件均加预应力。设计注意避免了次应力，杆件交会点既扁且薄，为钢筋混凝土铰。全桥结构似比芒法尔桥更为轻巧。在建筑形式上笔者亦予注意，较之芒法尔桥更富于线、面及光影的变化。

在拼装式标准配件的基础上，可以将该桥架设成更长跨径的连续梁，或静定的连续威氏桁架桥（图 256）及斜拉桥（图 257）。1957 年均做了模型（惜未建）。1968 年世界上始有第一座钢筋混凝土威氏桁架桥即英国的阿斯东·希裴尔桥。

1966 年苏联建成桁架式预应力钢筋混凝土连续公路桥，主要跨径为 106 米 +3×166 米 +106 米，用浮运法施工。

1967 年苏联又建成拼装式管形杆件预应力钢筋混凝土桁架桥，桥为下承式单线铁路桥，桥跨 55 米，节间长 11 米，采用膺架及伸臂法安装。

1974 年日本完成了跨度 45 米的岩鼻桥（图 258）。

254 芒法尔桥桁内人行道

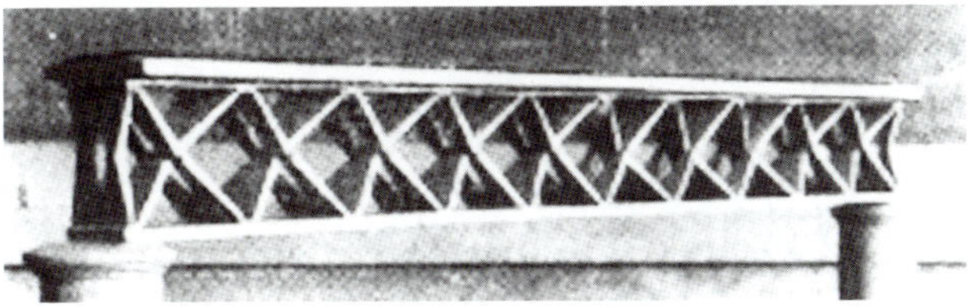

255 拼装式铁路预应力钢筋混凝土桁架设计（笔者）
1957 年

256 拼装式铁路预应力钢筋混凝土威氏桁架桥（笔者）
1957 年

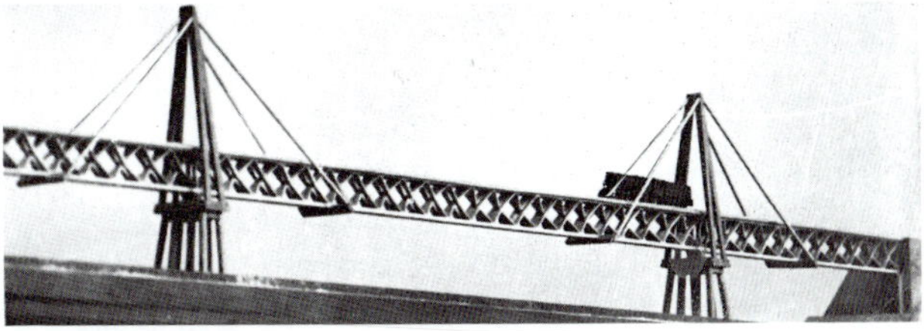

257 拼装式铁路预应力钢筋混凝土斜拉桥（笔者）
1957 年

桥为单线铁路下承式，预应力钢筋混凝土桁架节间长 9 米。混凝土等级为 800 级（圆柱体强度）。桥用鹰架法施工。其他尚有大田名部桥、安家川桥、槙木泽桥，均为类似结构。

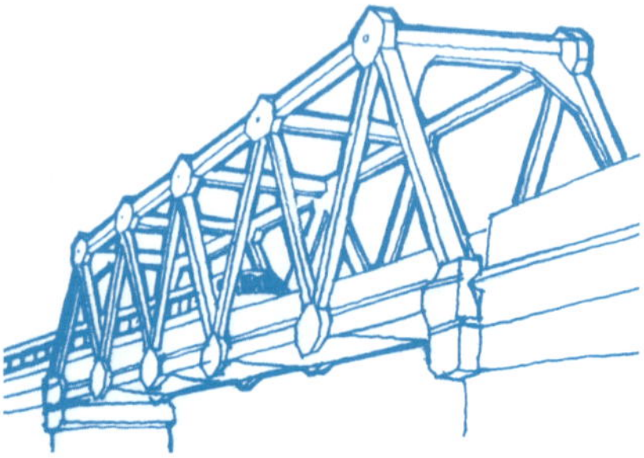
258 日本岩鼻桥
1974 年

预应力钢筋混凝土吊桥

预应力钢筋混凝土渗入每一种桥梁的领域，吊桥也不例外。1925 年爱德华多·托鲁加（Eduardo Torroja）在西班牙建成坦皮尤尔渡槽（Tempul Aqueduct）砼吊桥（斜拉桥），以斜拉桥代替两个难修的桥墩。1928 年弗雷西内设计了一座吊桥跨线桥（*图 259*），桥跨 6.8 米 +2×37 米 +6.8 米，用千斤顶顶吊索之后再包以混凝土。这是原始的第一座预应力吊桥，但脱离不了钢吊桥的外形。

预应力钢筋混凝土吊桥实则是将一般的预应力梁中的预应力钢丝索高抬出梁外，使力臂增大，获得经济的效果。这样的吊桥为自锚式吊桥。

比利时在 20 世纪 60 年代于根特市附近建造了若干预应力钢筋混凝土吊桥，跨径在 60 ~ 100 米，

259 弗雷西内吊桥
1928 年

260 比利时根特市吊桥
1963 年

如 1963 年完成的根特的环运河上公路桥（图 260），跨径 46 米 +100 米 +46 米，吊索为 900 根 φ7 毫米钢丝。梁高 2.4 米，塔顶宽 17 米，塔底宽 19 米。比利时根特大学教授文吉经过研究认为，该类吊桥的经济跨度可达 300 ~ 450 米。这里所指的吊桥是典型的悬索吊桥。

1962 年委内瑞拉马拉开波桥（图 261）建成之后，预应力钢筋混凝土斜拉桥在 10 余年内急速地发展。

莫兰第在 1957 年提出马拉开波桥方案，斜拉桥跨径达 395 米，且为公铁两用桥，实际施工时改为主孔 235 米的公路桥。

莫氏桥的特点是主桥墩用两个 X 形桥墩支承一

261 委内瑞拉马拉开波桥

连续的预应力钢筋混凝土梁，梁两端伸出墩外极远，其伸出端以斜拉索拉于 A 形吊塔顶部，成为一组独立的伸臂结构，两组伸臂墩之间搁以悬孔，连成桥梁。桥的结构主题，脱胎于钢结构的英国福斯桥，但已经渗入了近代的技术和艺术思想。莫氏斜拉桥的模型如图 262 所示。

马拉开波桥的成功，使莫氏桥式在世界各地被

262 莫氏斜拉桥模型

263 利比亚瓦迪库夫桥
1971 年

普遍地采用，著名的如意大利热那亚附近的波尔采维拉高架桥，最大跨 207.9 米（1966 年）；利比亚的瓦迪库夫桥（图 263），主跨 282 米（1971 年）；哥

伦比亚马格达莱纳河桥，主跨 140 米（1974 年）；阿根廷的科连特斯处巴拉那河桥，主跨 245 米（1973 年）等。

莫氏的桥式拉索较稀。和钢斜拉桥一样，德国近年才倡建密索的斜拉桥。桥索布置较密可以减轻主梁自重，简化斜拉索锚固装置，增加抗振阻尼，加强抗风稳定性，可使斜拉桥的跨度增大，并可使桥的挠度减小。

1972 年德国建成法兰克福的第二美因河桥（图 264），主跨 148.23 米，是公路、铁路、管道三用桥。世界上的铁路吊桥技术终于通过斜拉桥并且是预应力钢筋混凝土桥而有所突破。

在试验研究的基础上，丹麦大带海峡桥方案（图 265）提出了跨径 350 米的密索斜拉桥，双线铁路，六车道公路，桥面板仅厚 66 厘米。

公路方面，最近完工的美国哥伦比亚河桥，主跨 299 米；法国塞纳河桥，主跨 320 米。

由于预应力斜拉桥经济上的优越性等，已使 T 形刚构瞠乎其后。国内公路部门及城市桥梁采用斜拉桥的案例正如雨后春笋。1975 年建成的云阳汤溪河桥，主孔 76 米；上海五库试验桥，主跨 54 米；1977 年建成的青岛大沽河桥，主跨 104 米。目前正设计建设中的济南黄河桥主跨 220 米。有的地方正酝酿着 300 ~ 400 米的大跨度桥。铁路方面亦正建设主孔 96 米的柳州红水河桥。

264 德国法兰克福第二美因河桥
1972 年

265 丹麦大带海峡桥方案

技术是日新月异的，在引进国外技术，通过实践改进的基础上，期望着在不久的将来，会有我国自己独创的新形式桥梁矗立在祖国的江河之上。

出版说明

“大家艺述”多是一代大家的经典著作，在还属于手抄的著述年代里，每个字都是经过作者精琢细磨之后所拣选的。为尊重作者写作习惯和遣词风格、尊重语言文字自身发展流变的规律，为读者提供一个可靠的版本，“大家艺述”对于已经经典化的作品不进行现代汉语的规范化处理。

《桥梁的故事》《桥之魅》二书写作于改革开放初期，相关桥梁的数据体现的是四十年前桥梁建设的成就，此处提请读者特别注意 。

北京出版社

图书在版编目（CIP）数据

桥梁的故事 / 唐寰澄著 . — 北京 : 北京出版社，2021.11

（大家艺述）

ISBN 978-7-200-13488-9

Ⅰ. ①桥… Ⅱ. ①唐… Ⅲ. ①桥梁工程—建筑艺术—介绍—世界 Ⅳ. ① U44

中国版本图书馆 CIP 数据核字（2017）第 267042 号

总 策 划：安 东 高立志　　策划编辑：王忠波
责任编辑：王忠波　　责任校对：张玉侠
责任印制：陈冬梅　　装帧设计：李 高

·大家艺述·

桥梁的故事

QIAOLIANG DE GUSHI

唐寰澄 著

出　　版　北京出版集团
　　　　　北 京 出 版 社
地　　址　北京北三环中路 6 号
邮　　编　100120
网　　址　www.bph.com.cn
总 发 行　北京出版集团
印　　刷　北京华联印刷有限公司
经　　销　新华书店
开　　本　880 毫米 × 1230 毫米　1/32
印　　张　6.125
字　　数　150 千字
版　　次　2021 年 11 月第 1 版
印　　次　2021 年 11 月第 1 次印刷
书　　号　ISBN 978-7-200-13488-9
定　　价　88.00 元